Meet the good old days,
HIDA TAKAYAMA &
SHIRAKAWAGO!

COLOR +PLUS

HIDA TAKAYAMA
SHIRAKAWAGO

Ready to go!

グッドモーニング！
今日はナニズル？

#飛騨高山宮川朝市　》P.22

#瀬戸川と白壁土蔵街　》P.92

#絶景露天風呂　》P.82

#飛騨リンゴ　》P.22

#乗鞍ご来光　》P.90

ヒラケ！
ヒダタカヤマ・
タイカン・
ジャーニー！

#白川郷の風景 ≫P.74

#旅先のパン ≫P.20

#中橋 ≫P.32

#合掌造りの宿 ≫P.78

まちあるきに
おやつはハズせない。

#ワンハンドおやつ ≫P.42

ぼくら人気の飛騨高山名物です♪

飛騨牛、ラーメン、和スイーツ。

（右から）昔懐かしい景色に出会える白川郷（≫P.72）、古い町並で人力車に乗って風情ある散策を（≫P.33）、アニメーション映画に登場するシーンとそっくりの風景が見られる飛騨古川駅（≫P.92）、「ver kLar」のフルーツいっぱいパンケーキ（≫P.46）

気持ちのいい景色が目の前に！
どこまでも旅したくなる。

#レールマウンテンバイク Gattan Go!! ≫P.24

（右上から）白川郷で見つけたにゃんこ（▶P.72）、国の重要文化財である「吉島家住宅」で名工の建築技法を見学しよう（▶P.60）、雪山と木々の緑を同時に望める「新穂高ロープウェイ」（▶P.88）、中橋と桜のコラボが美しい春の「高山祭」（▶P.58）、「合掌民宿 大田屋」でお泊まり（▶P.78）

旅先の景色に溶けこんじゃおう。

#古い町並で着物あるき　▶P.32

さぁ、明日は
何に出会えるかな。

#夜の古い町並 ≫P.26

（右から）下呂に泊まって夜の温泉街をおさんぽ（≫P.94）、「高山まちなか屋台村 でこなる横丁」で射的に挑戦（≫P.27）、下駄を鳴らして踊る郡上の夏の風物詩「郡上おどり」（≫P.98）、夜の高山ではしご酒を楽しむのも新しい旅のスタイル（≫P.27）

018
020
022
024

026
030
032

What do you feel like doing?

016 # HIDA TAKAYAMA MAKES ME HAPPY

いま、飛騨高山でハッピーになれること。

  Takayama
懐かしさに癒される

044 |

058 |

064 |

074 |

076 |

082 |

088 |

096 |

Okuhida Onsengo
個性豊かな名湯ぞろい

Shirakawago
心温まる日本の原風景

Welcome to Shirakawago

TAKAYAMA+
高山からおでかけ

B-side

icon ☎ 電話番号　🅷 休業・休館日　🅱 営業時間　💴 料金　📍 所在地
　　　🚃 アクセス　🅿 駐車場　MAP 地図掲載ページ　🅡 予約がおすすめ

※本書のご利用にあたりましては、P110の〈本書ご利用にあたって〉をご確認ください。

#平湯の温泉宿 #おこもり

♀ もずも ≫ P.85

#紅葉 #空中散歩

♀ 新穂高ロープウェイ ≫ P.88

#赤い欄干 #着物さんぽ

♀ 中橋 ≫ P.32

#愛深スポット #神秘的

♀ 飛騨大鍾乳洞 ≫ P.100

WELCOME TO

Hida Takayama
飛騨高山

Shirakawago
白川郷

Get Ready!

#フォトジェニックスイーツ

♀ 古い町並周辺 ≫ P.46

#下駄 #カラフル

♀ 郡上八幡 ≫ P.96

#飛騨牛 #外国人に人気

♀ CENTER4 HAMBURGERS ≫ P.40

#囲炉裏 #ノスタルジー

♀ 合掌民宿 大田屋 ≫ P.78

【 奥飛騨温泉郷 】

▶露天風呂 ≫ P.82

絶景！

5つの温泉地からなり、露天風呂数は日本一！日帰り湯も楽しめる。

▶新穂高ロープウェイ ≫ P.88

2階建てゴンドラ

北アルプスの大パノラマを間近に楽しむ空中散歩。

➕more Area

▶乗鞍畳平 ≫ P.90

ご来光

バスで気軽に行ける場所としては日本一の高さ。夏は高山植物が咲き乱れる。

【 白川郷 】

▶和田家 ≫ P.73

築300年以上

世界遺産に登録された豪雪地帯の集落で、合掌造り家屋の代表格を見学！

▶荻町城跡展望台 ≫ P.74

古き良き

合掌造り集落の全景を見下ろすビュースポット。

➕more Area

▶五箇山 ≫ P.80

2つの集落

富山県に位置し、白川郷と同時に世界遺産に登録された集落がある。

【 高山 】

▶高山陣屋 ≫ P.56

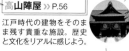
荘厳

江戸時代の建物をそのまま残す貴重な施設。歴史と文化をリアルに感じよう。

▶古い町並 ≫ P.30

建築美

町家建築が美しく、さんぽを楽しむ多くの人でにぎわう高山観光の中心地。

▶飛騨高山宮川朝市 ≫ P.22

飛騨リンゴ

宮川沿いでは、高山名物がそろう朝市が毎日開かれる。地元客も多い。

PICK UP!

10

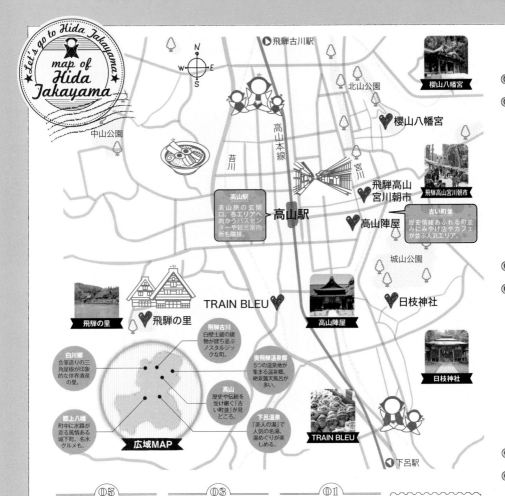

Let's go to Hida Takayama
map of Hida Takayama

中山公園

▶飛騨古川駅

北山公園

N
W E
S

高山本線

苦川

宮川

高山駅
高山旅の玄関口。各エリアへ向かうバスセンターや観光案内所も隣接。

高山駅

櫻山八幡宮

❤櫻山八幡宮

飛騨高山宮川朝市

❤飛騨高山宮川朝市

古い町並
歴史情緒あふれる町並みにみやげ店やカフェが並ぶ人気エリア。

❤高山陣屋

城山公園

❤日枝神社

飛騨の里

❤飛騨の里

TRAIN BLEU ❤

高山陣屋

日枝神社

飛騨古川
白壁土蔵の建物が建ち並ぶノスタルジックな町。

白川郷
合掌造りの三角屋根が印象的な世界遺産の里。

奥飛騨温泉郷
5つの温泉地が集まる温泉郷。絶景露天風呂が多い。

高山
歴史や伝統を受け継ぐ「古い町並」が見どころ。

郡上八幡
町中に水路が走る風情ある城下町。名水グルメも。

下呂温泉
「美人の湯」で人気の名湯。温泉めぐりが楽しめる。

広域MAP

TRAIN BLEU

◀下呂駅

---

05 奥飛騨温泉郷の移動は バスかクルマで

JR高山駅前からバスが1時間に1〜3本運行。奥飛騨温泉郷ではマイカー規制もあるので、クルマの場合は交通情報を忘れずにチェックしよう。

03 高山市内の移動は 周遊バスが利用しやすい

高山市内の観光施設へは「さるぼぼバス」や「まちなみバス」、「匠バス」といった周遊バスでの移動が便利。JR高山駅前から1時間に1〜2本、毎日運行している。

01 古い町並めぐりは JR高山駅からスタート

高山の旅でハズせない古い町並や高山陣屋、飛騨高山宮川朝市などの観光スポットへは、JR高山駅から徒歩10分。駅には観光案内所もある。

06 飛騨古川や下呂温泉へは JR高山線orバスを利用

高山⇔飛騨古川・下呂温泉は、JR特急や高山濃飛バスセンターから出ているバスでの移動がおすすめ。目的地に合わせて、交通手段を選ぼう。

04 古い町並周辺なら レンタサイクルも

効率よくめぐるにはレンタサイクルを利用するのもよい。1時間¥300〜と気軽に借りることができ、荷物の一時預かりサービスを実施する店もある。

02 高山⇔白川郷間は バスがおすすめ

白川郷の合掌造り集落へは、JR高山駅前の高山濃飛バスセンターからバスに乗るのが便利。高速道路経由で約50分。便によっては予約なしでOK。

旅のキホン

北アルプスなどの険しい山々に囲まれたエリア。高山や飛騨古川など駅から近い中心地をめぐるなら電車でもよいが、奥飛騨温泉郷や郊外へ足をのばすなら、バスが便利。

初めての飛騨高山旅 ハズせないポイントはコレ！

place

飛騨高山に行くならまず、古い町並を散策しよう。江戸時代の趣を残す町並みは風情たっぷり。とくににぎわう上三之町周辺にはみやげ店、カフェなどが並ぶ。また飛騨牛グルメも欠かさずチェックしよう。さらに足をのばして、世界遺産である合掌造りの家が建ち並ぶ白川郷や、自然豊かな奥飛騨温泉郷にも訪れたい。

Have a Nice Trip!

旅立つ前に
知っておきたい

TOPICS

Hida Takayama Shirakawago

自然を満喫したいなら 奥飛騨温泉郷へ

place

奥飛騨温泉郷では、新穂高ロープウェイや絶景露天風呂などから豊かな大自然を楽しめる。アクティブに過ごすなら乗鞍畳平でのハイキングもおすすめ。時期によってはご来光を見ることもできる。都会の喧騒を忘れてリフレッシュするのもいい。

高山観光は 午前中からスタート

time

古い町並には9～10時頃に開店して、17時頃に閉店する店が多い。また毎日行なわれる朝市は、7～12時（冬期は変動あり）に開催され、遅い時間になると営業を終える店も出てくるので、早い時間からでかけよう！

情緒あふれる町並みを 着物で散策しよう

plan

高山の古い町並や飛騨古川の白壁土蔵街など、飛騨エリアには着物が似合う風情あるスポットが点在。毎年春と秋には「飛騨高山きものさんぽ」というイベントが開催され、飛騨高山まちの体験交流館にて着物をレンタル（有料）することができる。

高山郊外に向かうには バスがおすすめ

route

古い町並から足をのばしての観光には、さるぼぼバスを利用しよう。高山市内を周遊するバスで、JR高山駅横にある高山濃飛バスセンターから毎日運行している。1乗車￥100で、便利なフリー乗車券も￥500で販売する。

基本は1泊2日で 高山＋1エリア

route

古い町並周辺の散策だけなら1日でもOKだが、白川郷や奥飛騨温泉郷にも足をのばすなら1泊2日がおすすめ。温泉宿に宿泊してのんびりしたり、合掌造りの宿で古き良き日本の暮らしを体験したり、旅をいっそう満喫しよう。

おみやげ探しは 古い町並や 飛騨物産館で

shop

飛騨高山みやげを探すなら、古い町並に点在する店のほか、定番商品が集まるJR高山駅の売店もチェック。駅から徒歩6分ほどの高山グリーンホテル敷地内にある飛騨物産館には、7,000点以上のみやげがそろうので、こちらもおすすめ。

気分や旅のスタイルで ステイ先をセレクト

stay

ゆっくり過ごしたいなら奥飛騨温泉郷の宿がおすすめ。アクティブに観光するなら、高山市内に続々と増えているゲストハウスという選択肢も。白川郷や五箇山では、合掌造りの宿に宿泊することができるが、部屋数は少なめなので早めに予約を。

冬の旅行では 防寒対策をしっかり！

season

飛騨高山の冬は氷点下になるほど寒くなり、雪景色の古い町並や白川郷など冬ならではの美しい景観を楽しむことができる。防寒対策はもちろん、道路凍結の可能性もあるので、クルマ旅ならスタッドレスタイヤなど冬の装備も忘れずに。

夏期限定の ライトアップは必見

season

夏の高山は、夜になると昼間の暑さから一転し、涼しく過ごしやすい。夕涼みのさんぽを盛り上げるライトアップが、7月上旬から8月中旬まで宮川の中橋周辺で行なわれる。キラキラと光る町並みを眺めながら夜の散策を楽しもう。

SEASONAL CALENDAR

雪景色が美しい！ 　紅葉のシーズン！ 　飛騨桃を目当てに！ 　桜の名所へ！

| 3月 | 2月 | 1月 | 12月 | 11月 | 10月 | 9月 | 8月 | 7月 | 6月 | 5月 | 4月 |

旬の食材

アユ

飛騨リンゴ

新そば

新米

日本酒

トマト

飛騨桃

山菜

宿儺（すくな）かぼちゃ

> 冬は新酒の最盛期。水が清らかで寒さが厳しい高山は酒造りが盛んで、古い町並周辺には老舗の酒蔵が集まっている。

四季の花

紅葉（白川郷ほか）

そばの花（高山市荘川町ほか）

桜（臥龍桜ほか）

クリンソウ（宇津江四十八滝ほか）

ヒマワリ（ほおのき平ほか）

ミズバショウ（池ヶ原湿原ほか）

> 飛騨地方には紅葉の名所が点在。高山市街地や白川郷は10月中旬頃から、奥飛騨温泉郷は少し早い10月上旬頃から見られる。

日の出

| 6:23 | 6:53 | 7:02 | 6:43 | 6:14 | 5:48 | 5:25 | 5:01 | 4:41 | 4:39 | 5:01 | 5:40 |

日の入

| 17:48 | 17:20 | 16:51 | 16:40 | 16:58 | 17:37 | 18:20 | 18:57 | 19:12 | 19:03 | 18:39 | 18:15 |

気温（高山）

max: 14.2 / 10.3 / 9.1 / 11.6 / 17.5 / 23.6 / 29.2 / 33.4 / 31.6 / 27.8 / 24.7 / 20

min: 4.2 / 1.2 / 0.7 / 3.0 / 8.1 / 14.5 / 20.8 / 24.6 / 23.5 / 19.3 / 14.6 / 9.4

| 3月 | 2月 | 1月 | 12月 | 11月 | 10月 | 9月 | 8月 | 7月 | 6月 | 5月 | 4月 |

> 雪が降ることもあり、地域によっては残雪も見られる。天気予報のチェックを忘れずに。

> 真冬の厳しい寒さが到来。大雪による通行止めなどもあるため、道路情報の確認は必須。

> 朝晩が冷え込むようになるため、紅葉見物などは温度調節しやすい服装で訪れて。

> 最高気温が30℃を超える日も。帽子や日傘などで日差し対策を念入りにしよう。

季節のイベント

10月 14～19日 ●白川郷 どぶろく祭

1月 15日 ●飛騨市古川町市街地 飛騨古川三寺まいり

2月 1～10日 ●新穂高温泉中尾高原 中尾かまくらまつり

15～25日 ●奥飛騨温泉郷平湯 平湯大滝結氷まつり

8月 上旬 ●高山陣屋前 飛騨高山陣屋前夜市

9月 第4土曜 ●飛騨市古川町市街地 きつね火まつり

25・25日 ●白山宮境内 こきりこ祭り

10月 9・10日 ●櫻山八幡宮周辺 秋の高山祭（八幡祭）

6月 26日 ●奥飛騨温泉郷 奥飛騨温泉郷 露天風呂の日

上旬 ●アルプス展望公園スカイパーク 飛騨高山市民花火大会

8月 1～4日 ●下呂温泉街 下呂温泉まつり

9日 ●高山市街地 飛騨高山手筒花火打ち上げ

3月 1日～4月3日 ●高山市街地 飛騨高山雛まつり

4月 14・15日 ●日枝神社周辺 春の高山祭（山王祭）

19・20日 ●飛騨市古川町市街地 古川祭（起し太鼓・屋台行事）

5月 30日～6月30日 ●高山市街地 酒蔵のん兵衛まつり

※日の出、日の入は岐阜県の2024年各月1日のデータ（国立天文台HPより）、平均気温は1991～2020年の平均データ（気象庁HPより）です。イベントデータは2024年3月現在の情報で、中止・変更となる場合がありますので事前にご確認ください。

飛騨高山 Hida Takayama
白川郷 Shirakawago

1泊2日 +αの行き先をセレクト!

Let's Go!

飛騨高山 大満足 PLAN

高山をメインにどこをめぐろう? おでかけ前に充実旅へのヒントをチェック!

1日目 まずは高山でたっぷり遊ぶ!

POINT
高山を満喫するには、古い町並周辺を必ずおさえておきたい。ほとんど徒歩でめぐれる。

11:00 🚉JR高山駅 着

つづみそば ≫P.37

Lunch!

11:30 高山ラーメンで腹ごしらえ

12:30 人気の古い町並を散策

古い町並 ≫P.30

憧れの着物あるき♪

かわいい和小物

布ら里 ≫P.48

YUMMY!

中橋 ≫P.32

古い町並ワンハンドおやつ ≫P.42

Sweets!

15:00 和カフェでひと休み

Delicious

和スイーツ♥

カフェ青 ≫P.44

喫茶去 かつて ≫P.45

Good Night!

高山or白川郷or奥飛騨温泉郷の宿に宿泊

高山に泊まるなら夜の町に繰り出そう♪

夜の高山 ≫P.26

2日目は 高山 白川郷 奥飛騨温泉郷 をチョイス!

14

8:00 地元客でにぎわう朝市を体験

POINT
高山に宿泊するなら朝市はマスト！バスを利用して古い町並から離れたエリアにも行こう。

2日目

【プラン1】

Fantastic!

トコトン高山を満喫！

飛騨高山宮川朝市 》P.22

宮川朝市

╱ 飛騨リンゴ！╲

10:30 足をのばして
アートスポットへ

Lunch!

12:30 贅沢に飛騨牛を
いただきます！

レストラン ル・ミディ 》P.19

光ミュージアム 》P.101

14:00 地元の味を
おみやげに

TRAIN BLEU 》P.20

JR高山駅

稲豊園 》P.53

行列のできる人気店

舩坂酒造店 》P.54

POINT
奥飛騨温泉郷内をめぐる場合、時間が限られるバスより車が便利だが、積雪時期は要注意。

2日目

【プラン3】

奥飛騨温泉郷で絶景旅！

7:00 早起きして絶景露天風呂

高荘 山のホテル 》P.82

11:00 ロープウェイで空中散歩

新穂高ロープウェイ 》P.88

Lunch!

13:00 日帰りOKの温泉で
湯めぐり&ごはん

JR高山駅

ひらゆの森 》P.83

POINT
高山から白川郷へはバスがおすすめ。高山に戻るバスの時間もチェックしておくべし！

2日目

【プラン2】

のどかな白川郷をおさんぽ

10:00 世界遺産の合掌集落を一望

荻町城跡展望台 》P.74

Lunch!

12:00 新鮮な川魚ランチ

ます園 文助 》P.77

14:00 素朴なおみやげを
ゲット

JR高山駅

こびき屋 》P.75

白川郷

15

思い立ったらでかけよう！
古いものと新しいものが
とけてまざって魅力がギュッ。
発見いっぱいの飛騨高山へ♪

Hida
Takayama
makes me
Happy

いま、飛騨高山で
ハッピーになれること。

飛騨牛

石田

レールマウンテンバイク Gattan Go!! レールマウンテンバイクガッタンゴー

» P.24

「肉の芸術品」と呼ばれる飛騨牛は、日本が世界に誇るブランド牛。本場である高山には、その特徴やおいしい調理法を熟知した店がたくさんある。飛騨牛の素材をシンプルに、そして贅沢な空間で堪能できる店を選べば、ワンランク上の高山旅に！

最高級の飛騨牛を口いっぱいにほおばる贅沢!!

JUICY!

テンダーロインステーキ
A5等級
150g ¥9,735
フィレ肉の真ん中の部位。ブレゼするので、ベリーレアでも中まで火が通っている

飛騨牛

1. 落ち着いた店内　2. 店は2階建て　3. セットメニューの注文も忘れずに。写真はCセット¥1,210

ほっぺが落ちそう…!

飛騨牛×ごちそうで

至福のひととき♡

高山に来たらやっぱりハズせません。せっかくだからとびきり豪華な飛騨牛ランチを味わえるお店をセレクト！

キッチン飛騨
キッチンひだ

飛騨牛ステーキを看板メニューに掲げる名店。飛騨牛の肉質に合う焼き方を研究してたどり着いたブレゼ&ソテーという独自の調理法で、うまみを逃すことなくしっとりと焼き上げる。ロゼ色をした肉はとろけるおいしさ。

古い町並周辺 ▶ **MAP** 付録 P.8 A-3

☎0577-36-2911　休 水曜　時 11:30～14:45、17:00～19:45　住 高山市本町1-66　交 JR高山駅から徒歩8分　P 10台

\ Set Menu! /

LOCAL's ADVICE
本陣平野屋の女将
Eriko Arisu

和食気分なら

Delicious!

洋食気分なら

Rare Meat

MENU
しゃぶしゃぶ
¥7,980〜

肉のうまみを楽しむには、サッと鍋にくぐらせて早めに引き上げるのがポイント

極上の霜降り肉が
口の中で溶ける!

飛騨牛料理店
鳩谷
ひだぎゅうりょうりてんはとや

きめ細かなサシ!

観光地の喧騒から離れた場所にある飛騨牛料理専門店。A4またはA5等級のサーロイン・ロースのみを扱い、しゃぶしゃぶ、すき焼き、ステーキの3コースを提供する。

櫻山八幡宮 ▶ MAP 付録 P.6 B-1 ℃Ⓡ

☎0577-32-0255 休火曜 ⏰11:30〜13:00、夜は応相談(日曜は昼のみ営業) ♦要予約 ♀高山市大新町3-110
🚶JR高山駅から徒歩15分 Ｐ6台

1. 明治初期に建てた民家を利用。建物は高山市景観デザイン賞を受賞している
2. 庭には、文政年間に造られた土蔵が

MENU
**飛騨牛サーロインとび
ステーキセット**
200g ¥9,350

白ワイン&玉ねぎベース、赤ワイン&バルサミコ酢ベースの2種類のソースで堪能できる

フレンチ×飛騨牛の
至高の味わい

レストラン
ル・ミディ

飛騨牛の
ハンバーグも!

フランスで修業経験のあるシェフが手がけるレストラン。約2週間かけて熟成・管理した飛騨牛はうまみを強く感じられる。魚料理やオードブルなどのメニュー、秋・冬限定のジビエ料理なども好評。

古い町並周辺 MAP 付録 P.8 B-3

☎0577-36-6386 休不定休 ⏰11:30〜14:00、17:30〜19:30 ♀高山市本町2-85 🚶JR高山駅から徒歩10分
Ｐ5台

1. フランスを彷彿とさせるオシャレな外観　2. カジュアル感がありながらも上品な店内。2Fフロアはシックな雰囲気が漂う

:1: 豊かな自然がはぐくむ味

緑豊かな山に囲まれた飛騨地方。澄んだ空気と高所ならではの涼しい気候に恵まれ、牛がのびのびと育つ絶好の環境がそろっている。

:2: きめ細かなサシ

肉全体にまんべんなく入ったきめ細かなサシが、飛騨牛独特のとろけるような柔らかさを生み出す。赤身と脂身のバランスが重要!

飛騨牛
おいしさの秘密

飛騨牛の始まりは、昭和56(1981)年から飼育された銘牛「安福号」。品種改良と肥育技術の向上によって、ブランド牛として広まった。その魅力はとろけるような柔らかさ。上質な脂が口の中でサッと溶け、うまみに変化する。

Mooooooo

行列ができる人気ブーランジェリーの

焼きたて × パン を
旅先でパクリ♪

Special **2**

" パンの世界大会で活躍したシェフの店へ。
パン好きも太鼓判の味わいを、
ぜひ確かめてほしい! "

LOCAL's ADVICE

高山在住の家具職人
Taku Amano

人気の味を
テイクアウト!

TRADILLE

開店前から行列ができる
パン好き注目の人気店

TRAIN BLEU
トランブルー

「高山でパン屋といえばここ」といわれる有名なブーランジェリー。流行に左右されることなく、基本を忠実に守ったていねいな仕事ぶりが伝わる味わいが人気。約50種類の多彩なパンが登場する。

パンの国際大会「クープ・デュ・モンド」に日本代表として出場し世界3位に輝き、2012年には優勝した日本チームの監督を務めたシェフが営むトランブルー。せっかく高山を訪れたなら、ぜひテイクアウトして散策のおともに。店内は常ににぎわっていて売り切れも多いため、午前中に立ち寄るのがおすすめ。

高山郊外 ▶ MAP 付録 P.4 B-3
☎0577-33-3989 休 火・水曜、不定休 ⌚10:00～16:00（売り切れ次第閉店）📍高山市西之一色町1-73-5 🚋JR高山駅から徒歩15分 🅿20台

RECOMMEND 1

クロワッサン
¥280
塩味のきいた生地にフレッシュバターをふんだんに折り込んだ、看板商品のひとつ

焼きたてTIME
⏱12:00～

バターの香りとサクサク食感のトリコ

HOKU HOKU

Croissant

20

HIDA TAKAYAMA MAKES ME HAPPY

和梨の
フルーツデニッシュ
¥480

クロワッサン
¥280

RECOMMEND 2

季節限定デニッシュ
¥460〜
12〜5月限定のいちごのペ
ストリー¥460をはじめ、季
節ごとのメニューが楽しい

🍞焼きたてTIME
🕙10:00

ある日のおやつパン♡

Fruits

RECOMMEND 3

Tバゲット
¥380
3種類の小麦粉をブレン
ド。小麦本来の甘みと香
りが強い、シェフの代表作

🍞焼きたてTIME
🕙9:45、13:00

Tリュスティック
¥380

シャインマスカットと
ナガノパープルの
デニッシュ
¥480

秋限定。国産の栗
を使った濃厚な味が
しっかり伝わる

和栗の
デニッシュ
¥480

風味が強く、中は
もっちり。ハード系が
好きな人におすすめ

Baguette

夏限定。特製ワイン
クリームとフルーツ
が相性ぴったり

焼きたてを
買うには整理券を
GETしよう
土・日曜、祝日と春・夏休
み期間などの開店前に
は、入店順を決める整
理券を配布。当日6時か
ら玄関前で受け取れる。

店内併設の工房には成瀬シェフの姿も。材料や素材にこだわり、一
つひとつのパンの精度を大切にし、日々おいしいパンを作り続ける

朝市×ふれあいで元気をチャージ！

" 江戸時代に始まり、現在でも毎朝開かれる朝市。珍しい食材や地元の人とのふれあいが魅力です。"

高山の市街地を流れる宮川沿いと、高山陣屋前の2か所で毎日、朝市が開かれる。新鮮な野菜や果物などが並ぶ店に買い物客が集まり、にぎやかな雰囲気。季節感やご当地らしさを味わったり、地元の人の高山ことばを聞いたり、地域の魅力にふれてみよう。

宮川朝市

GAYA GAYA

WAI WAI

LOCAL's ADVICE

ごくらく舎の伸夫
Katsuomi Nakamura

⌢ CHECK ⌣
朝市めぐりのコツ
早めの時間帯は品数が充実しているが、遅めの時間帯だとおまけが付くなどお得になることも。店には、地元の方言で"かかざ"（お母さん）と呼ばれる女性が多い。気軽に声をかけて、商品の特徴などを聞いてみよう。高山ことばで答えてくれるかも。

飛騨高山宮川朝市
ひだたかやまみやがわあさいち

宮川沿いの鍛冶橋から弥生橋の間に、30〜40軒ほどの露店が並ぶ。野菜や果物、漬物などの食品のほか、さるぼぼなどの民芸品を扱う店も。コーヒーや軽食の店もあるので、川べりでせせらぎを聞きながらひと休みするのもここちよい。

古い町並周辺 MAP 付録 P.6 B-2

☎ 080-8262-2185（飛騨高山宮川朝市協同組合）
無休　7:00〜12:00（11月頃〜3月は一部の店は8:00〜）　高山市鍛冶橋から弥生橋の宮川沿い　JR高山駅から徒歩10分　なし

いつがおいしい? 旬の野菜

春
フキノトウ
イチゴ
折菜（菜の花）

夏
キュウリ
トマト

アキシマササゲ

秋
むかご
山栗
飛騨リンゴ

長かぼちゃ

甘みが強く丹生川町産は宿儺かぼちゃと呼ばれる

冬
赤カブ
白菜
エゴマ

飛騨・美濃伝統野菜に認定されているサヤインゲンの一種

22

≡ Check please! ≡

飛騨産リンゴを発見！

朝市でお気に入りを見つけよう！

START!

Let's find
my favorites

はちみつもある！

いかが？

ちょっと
ひと息♪

＼お花や野菜も自家産♪

マグカップも
食べられる!?

エスプレッソが味わえる店。クッキー生地のカップを選べるほか、ラテアートもしてくれる

伝統工芸品「一位一刀彫」の商品には、
ふくろうやすずめなどかわいい動物も

木目や色が違う
一点物だよー！

Latte art ♪♬

GOAL!

たくさん買って、
楽しめたよー

&MORE

༄ 朝市前に朝ごはん ༄

70年以上親しまれている喫茶店。朝早くから営業していて朝食にも便利。11時まではモーニングタイムで、コーヒーか紅茶にパンとジュース、ゆで卵が付いて¥800。チーズケーキ¥450などデザートもあり。

┃喫茶ドン
きっさドン

古い町並周辺 ▶ MAP 付録 P.8 B-1

☎0577-32-0968 休火曜（祝日の場合は営業） ⏰7:30〜19:00 ♀高山市本町2-52 🚃JR高山駅から徒歩10分 Pなし

♪こちらも気になる♪

高山陣屋前朝市
たかやまじんやまえあさいち

観光名所である高山陣屋前の広場で毎朝行なわれる朝市。出店数は約20店舗で、野菜や果物など食品の店中心だが、手作り民芸品を扱う店もある。

古い町並周辺 ▶ MAP 付録 P.8 A-4

☎0577-32-3333（高山市観光課） 休無休 ⏰7:00〜12:00（1〜3月は8:00〜） ♀高山市八軒町1-5（高山陣屋前） 🚃JR高山駅から徒歩10分 Pなし

LOCAL's ADVICE

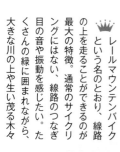

モデル
Ayano Ito

奥飛騨の大自然を満喫

廃線 × 自転車 で 不思議ライド体験 ♪

Special **4**

" 広大な山々に囲まれた線路を走る、
自転車の旅へGO! ガッタンゴットンと音を
立てて走るちょっとスリルな体験を楽しんで。"

レールマウンテンバイク
という名のとおり、線路
の上を走ることができるのが
最大の特徴。通常のサイクリ
ングにはない、線路のつなぎ
目の音や振動を感じたい。た
くさんの緑に囲まれながら、
大きな川の上や生い茂る木々

線路の上を走りながら自然を体いっぱいに感じる!

GATTAN GOTTON

こんな写真も撮れるよ!

Photo Point!

渓谷コースの集
合場所には、廃
線になった漆山駅
の看板が

漆山駅
URUSHIYAMA STATION

駐車場近くの廃線は、自由に出
入り可能。線路上に座り込ん
だ写真なども撮影できちゃう!

レールマウンテンバイク Gattan Go!!

レールマウンテンバイクガッタンゴー

神岡に残る廃線後の線路をマウンテンバイクで走る新感覚のアトラク
ション。ガイドローラーを備えるフレームに固定された電動アシスト
機能付きの車両のペダルをこぐと、進む仕組みになっている。

神岡 ▶ **MAP** 付録 P.2 B-1（渓谷コース）、P.13 B-2（まちなかコース） ℝ

☎0578-82-6677 🗓水曜、11月下旬～4月上旬、荒天時 🕙10:00～14:30（土・日曜、
祝日は9:00～16:30） ♀飛騨市神岡町西漆山（渓谷コース）、飛騨市神岡町東雲1327-2
（まちなかコース） 🚃JR飛騨古川駅から車で50分（渓谷コース）、JR飛騨古川駅から車
で30分（まちなかコース） 🅿30台（渓谷コース）、40台（まちなかコース）

ハイレベルコースに挑戦！
渓谷コース

Let's Go!!

まちなかコースよりも上級者向けとなっており、長いトンネルや橋の上など、スリリングなポイントも用意されている。

START! & GOAL!

ドキドキ

> 出発前に簡単な講習を受けて、サドルの位置調整を行なう。準備ができたらスタート

体験 DATA	
渓谷コース	
¥ 料　金	1車両¥5,700〜
予　約	予約優先
定　員	1車両2〜3名
所要時間	往復75分（約6.6km）

折り返し地点
二ツ屋

折り返し地点では小休憩がある。帰りは下り坂なので楽チン♪

> 真っ赤な鉄橋を渡りながら、流れる川やまわりの山の景色を楽しめる絶景ポイント

Great View!!

> トンネルの中は真っ暗で、自転車の音だけが響き渡る。涼しいのも相まって少しドキドキ

ひんやり〜

> 景色も良くてとってもキモチイイ♪

キノコの休憩所

Beautiful!

1. 2006年までは実際に列車が走っていた線路を走行する　2. 高架から町並みを見下ろすこともできる

初めてさんでもラクラク！
まちなかコース

旧奥飛騨温泉口駅から旧神岡鉱山前駅までの道のりを運転する、緩やかなコース。4人こぎや2階建てシートなど多彩な車両が選べる。

体験 DATA	
まちなかコース	
¥ 料　金	1車両¥4,000〜
予　約	予約優先
定　員	1車両1〜6名
所要時間	往復60分（約5.8km）

の中を走行するから、奥飛騨の自然を存分に堪能できる。運転中は撮影もできるので、美しい景色を写真に残して思い出を持ち帰ろう。

4
不思議ライド体験

HIDA TAKAYAMA MAKES ME HAPPY

昼とは違う魅力がたっぷり！ 高山ローカル気分で

古い町並 × 夜遊び の
レアな魅力を体感！

大勢の観光客でにぎわう町並みも、夜はぐっと静かに。昼間は見られない景色や、夜だけ営業の店など、魅力がいっぱい。

EDITOR's ADVICE

編集部Staff
Mai Domae

★ FANTASTIC NIGHT

古い町並の店はほとんどが夕方には閉店。それ以降は、日中と違って観光客は少ないので、風情ある町並みをゆっくり散策できる。ライトアップを見たり、地元の人が集まる店でご当地の料理やお酒をいただいたり。夜の高山の魅力も見逃せない。

格子戸からもれる明かり
屋内の明かりで格子戸の陰影が際立つ。木組みの美しさがより感じられる。

誰もいない町並み…ひとりじめしちゃおっ

門灯が光る
古い町並の門灯は赤みのあるあたたかい光。落ち着いた木造家屋をやさしく照らす。

古い町並には、一般の住宅もあるので、遅い時間の散策はお静かに

施設の庭をお散歩

古い町並にある、飛騨高山まちの博物館や飛騨高山まちの体験交流館では、庭や広場が21時まで開放されている。ベンチがあり、散策途中のひと休みにも便利。旧家の敷地を生かした飛騨高山まちの博物館。古い蔵も間近に見られる。

＼紅葉が橋を彩る／
秋
10月初旬〜11月下旬

＼夜桜が美しい／
春
4月初旬〜5月初旬

冬
12月初旬〜2月下旬

夏
7月初旬〜8月中旬

幻想的なライトアップ

宮川に架かる赤い橋、中橋は高山を代表する景色のひとつ。夜もその姿を楽しんでもらおうと、定期的にライトアップが行なわれている。季節ごとの風や気温を感じながら、自然と中橋の競演を楽しみたい。

なんだろう？
上品な建物

蔵の白壁が目立ってる

お花見～つけた

夜の高山
町並み
ギャラリー

ローカル御用達の一番街へ繰り出そう

当てるぞ～

ごゆっくり
どうぞ

矢代は10本￥700（指導込みで初回
のみ）、2回目以降は￥400。力はあ
まり必要なく、女性も十分楽しめる

カウンターもあるので気軽に。漬
物ステーキ￥750、揚げだし豆腐
￥750、日本酒（氷室）1合￥900

半弓道場

はんきゅうどうじょう

まもなく創業95年を迎える弓
道場。7m先の的を弓矢で射
て楽しむ。21時頃からは混
み合うので、ハマりそうな人
は早めに行くのがおすすめ。
思う存分挑戦しよう。

古い町並周辺　MAP 付録 P.8 A-1

非公開　無休　19:00～
22:00　高山市朝日町11

古い町並から歩いて2～3分、宮川を渡っ
て表通りから路地へ入った一帯が「一番
街」。居酒屋やバーなど、40軒ほどが集ま
っている。客層は地元の人が中心だが、
最近は観光客も増えているとか。

居酒屋 きのえね

いざかやきのえね

30年以上続く居酒屋で、現
在は親子3人が中心となって
営む。季節の食材を使った
手作り料理に、地元の日本
酒がよく合う。アットホーム
な雰囲気で居ごこちがよい。

古い町並周辺　MAP 付録 P.6 B-3

0577-35-0092　日曜
17:00～23:00　高山市朝日
町23

カラフルな
ギョーザ

地元の人と
も盛り上が
れそうな気
軽な雰囲気

観光客も入りやすい

高山まちなか屋台村 でこなる横丁

焼き鳥や寿司、肉料理などの専門
店、バーや居酒屋など多彩な店が
20軒近く並ぶ。外から店内が見える
ようになっていて、雰囲気を確かめ
られるので入りやすい。

古い町並周辺　MAP 付録 P.6 B-2

店舗により異なる　18:00～翌3:00
（店舗により異なる）　高山市朝日町24
JR高山駅から徒歩10分　なし
※詳細は公式サイトを参照

Girl's talk

Bang!

お肉！

射的場などはしご酒の間に遊べる店や、
ギョーザ専門店、地酒バーなどもある

懐かしさに癒される
Takayama

江戸時代にタイムスリップしたような気分になる高山へ。かわいい雑貨やグルメと出会う、心ときめく時間を存分に♪

古い町並
≫ P30

高山観光では欠かせない、まちあるきスポット

古い町並をNavigate!!

「古い町並」と呼ばれるエリアの散策は、高山観光ではハズせないメインイベント！
風情ある町並みの見どころやお楽しみポイント、めぐり方をしっかりおさえよう。

Nostalgic

まちあるきが
楽しいよ！

what's 古い町並?

高山市三町伝統的建造物群保存地区
上三之町町並保存区域
昭和54年2月3日 選定
高山市

▶POINT◀

メインストリートは店が充実する上三之町

上三之町は町家を利用したカフェやみやげ店、食事処などがそろい、日中はいつも多くの観光客でにぎわっている。一方、比較的落ち着いた雰囲気の下二之町には、みやげ店などが点在するほか、重厚感のある町家が立ち並ぶ。

▶POINT◀

かつては城下町として繁栄町家の建築美が見もの

室町時代から江戸時代には高山城が置かれ、城下町として栄えた高山。商人の町だった当時の面影が残る上町と下町、片原町、神明町、八幡町、大新町の一部が重要伝統的建造物群保存地区に選定され、「古い町並」と呼ばれる。

古い町並見どころ案内

1.新酒ができると、酒蔵は杉玉を軒下に吊るす 2.高山祭の屋台が収められている 3.防火用水や夏の打ち水、冬は融雪の役割も果たす 4.窓から少し張り出した格子 5.隣の建物との間に隙間がないため、採光の目的で設けられている

杉玉 1

3 **2**

用水路 **屋台蔵**

5 **4**

明かり取り **出格子**

安川通りより北は人通りも少なめで、町並みを見物しながらゆっくりと歩ける

古い町並

飛騨高山宮川朝市でにぎわうエリア

高山昭和館

安川通り

上三之町は古い町並のメインストリート

鍛冶橋の両側にあるユニークな手長・足長像は、撮影スポットとして人気！

古い町並口

交番

上三之町

N

鍛冶橋

まちかど観光案内所

飛騨高山まちの博物館

柳橋

←高山駅

中田呉服店

さんまち通り

人力車の乗降場所。停まっていたら声をかけよう

筏橋

さんまち通り

水車で動くからくり人形。御食事処 坂口屋の前で見られる

徒歩で約10分

中橋

高山陣屋前朝市も開催される

高山陣屋

飛騨・高山観光コンベンション協会

古い町並あるきの前に おさえておきたいポイント

まちあるきは2〜3時間ほど
買い物や食事を含めても、古い町並散策の目安は2〜3時間ほど。初めて行く人や、じっくり歩きたい人はもう少し長めに予定を。

早めの時間がおすすめ
古い町並の店は9〜10時頃に開店して、17時頃に閉店するところがほとんど。なかには15時頃に閉まる店もあるので、確認しておこう。

クルマで行ったら？
周辺には駐車場がいくつもあるので、駐車し散策しよう。駐車料金や営業時間はそれぞれ違うので事前にチェックしておきたい。

古い町並は歩いてめぐる
古い町並周辺は歩いてまわれる広さ。気になる店をのぞきながら歩こう。歩き疲れたら人力車を利用して、ガイドしてもらうのも楽しい。

TAKAYAMA MACHINAMINAVI

古い町並ナビ

趣ある町並みによく映える!

古い町並で着物さんぽ

町家が建ち並ぶ和の雰囲気たっぷりの古い町並に、着物姿が似合わないわけがない!
日常から抜け出し、おしゃれな着物に着替えて心躍るひとときを過ごしてみない?

Photo Spot!

着物だと
気分もアップ♪

1

古い町並でのお楽しみ 5

1 着物で散策 »P.32

種類豊富な着物レンタルを活用すれば、気軽に思い通りの着物女子になれる! 写真撮影も盛り上がりそう。

2 人力車に乗ってみる »P.33

にぎわう町を人力車でめぐれば優雅な気分に。高い視点から眺められるので、景色も少し違って見える!

3 和カフェでまったり »P.44

町家のカフェは落ち着いた空間が魅力。ほっとする味のメニューが多く、思ったより長居してしまいそう。

4 おやつをテイクアウト »P.42

飛騨牛グルメやスイーツなど、気軽につまめるおやつが充実。気になったらいろんな味を試してみたい。

5 心ときめく和雑貨探し »P.48

和の趣や素朴な風合いにときめく雑貨との出会いもいっぱい。旅の思い出になるアイテムをセレクトしよう。

2

着物姿が町になじむ

1.撮影スポットとしても人気の真っ赤な中橋。車の通行が多いので注意して 2.風情がただよう町並みに溶けこんじゃおう

庭園を望む
和カフェ

1

♪♪

2

3

6

4

5

見どころ
いっぱい

古い町並

和雑貨は旅の思い出
にも、友達へのプレ
ゼントにも

小さな冷凍みかん
などまちあるきの
おやつもチェック！

1.カフェ青(≫P.44)は庭園を眺めながらお茶できる人気店　2.人力車に乗ると優雅な気分に。伸夫さんのお話も楽しい　3.カフェでひとやすみするなら、やっぱり食べたい和スイーツ　4.店頭で焼きたての煎餅をテイクアウト　5.町並みも楽しみながら歩こう　6.おみやげ探しも忘れずに

── イマドキな着物レンタルはこちら ──

高山きものレンタル
一華
たかやまきものレンタルいっか

200種類以上の着物がそろい、モダンな柄が豊富。小物はレンタルプランに含まれ、¥1,800で簡単なヘアアレンジもお願いできる。

古い町並までは歩いて6〜7分。荷物や洋服は無料で預かってくれる

古い町並周辺 ▶ MAP 付録 P.6 B-2

☎0577-70-8043　休木・日曜　⏰9:00〜16:30　¥まちあるきプラン5,500円、カップルプラン(男女2名で)9,900円、浴衣プラン(6〜9月)4,400円　※11〜2月は要予約。ほかに予約優先　♀高山市本町4-23-3　🚶JR高山駅から徒歩20分　Ｐなし

── 人力車で優雅におさんぽ ──

ごくらく舎
ごくらくや

乗車記念証が
もらえる♪

古い町並に詳しい伸夫の案内で、町めぐりができる。古い町並の中心や中橋、高山陣屋前に乗り場があり、予約すれば迎えも可能。

古い町並 ▶ MAP 付録 P.8 B-4

☎0577-32-1430　休暴風雨、大雪の日　⏰8:30〜17:00(11〜3月は9:30〜15:30)　¥2人乗り15分4,000円、30分7,000円、60分14,000円(3人乗りは要問合せ)　♀高山市若達町1-31(各乗り場まで)　🚶JR高山駅から徒歩10〜15分　Ｐなし

Yummy Beef

あこがれのブランド牛をいろんな食べ方で!

気軽に食べたい♡飛騨牛グルメ

高山を訪れたら必ず食べたいグルメNo.1は、やっぱり飛騨牛!
気軽に味わえるさまざまなメニューから、気分でお好みを選ぼう。

1.木のぬくもりを感じる店内。1階は50席、2階には120席の大広間も 2.日本酒の瓶がずらりと並ぶ様子が外からも見える

豊富な品数がうれしい♪ 御膳を味わえる食事処

味の与平
あじのよへい

MACHINAMI
古い町並エリア

200年以上もの歴史ある酒蔵に併設する飛騨牛専門レストラン。すき焼きや鉄板焼きなど上質な飛騨牛をメインにしたセットメニューがそろう。酒粕を使った小鉢料理や副菜などが付くのもうれしい。地酒「深山菊」などといっしょに味わうのもおすすめ。

古い町並　**MAP** 付録 P.8 B-3
📞 0577-35-1224　🏠 不定休　🕚 11:00〜14:30、17:00〜20:00(冬期は変更あり)　🏠 高山市上二之町7　🚉 JR高山駅から徒歩10分　🅿 3台

OTHER MENU

飛騨牛御膳
　　　　　¥3,278

飛騨牛本来の味わいを堪能するなら、シンプルに焼いて食べるのが一番!

SUKIYAKI

menu

飛騨牛すき焼き御膳

¥2,618

すき焼きの割下に味噌を加えるなど、繊細な味付けが飛騨牛の味をひき立てる

Let's EAT!!

Gourmet

飛騨牛

厚切り飛騨牛が
口の中でとろける

創作郷土寿司 梗絲
そうさくきょうどずしきょうし

ぶり寿司など郷土寿司の製造・販売を30年来手がける店。海鮮の寿司をはじめ、寿司店の技と工夫が光る飛騨牛料理も味わえる。イートインメニューはすべて味噌汁と小鉢付き。テイクアウトの飛騨牛寿司¥700〜もチェック!

`古い町並周辺` ▶ `MAP` 付録 P.8 B-2
☎0577-37-2039 🈡水曜（祝日の場合は営業）
🕙10:00〜18:00 📍高山市本町2-82 🚉JR高山駅から徒歩10分 🅿2台

SUSHI

menu
飛騨牛づくし
¥2,138
目の前で炙って握る飛騨牛にぎりと飛騨牛鉄火の組み合わせ

1.飛騨牛のサーロインをさっぱりと酢飯で味わう、飛騨牛ひつまぶし¥3,025。薬味やかつおだしが付く
2.明るくモダンな店

そばの
スイーツも!?

香り豊かなそばと
飛騨牛がコラボ!

飛騨そば 小舟
ひだそばこふね

創業以来、代々受け継がれている製法で仕込む香り豊かなそばは、コクのある自慢のつゆと、自家製の細めの麺がよく合う。春は山菜、夏はアユ、秋はマツタケなどを使った季節限定のメニューもある。郷土料理や地酒なども味わいたい。

`高山駅周辺` ▶ `MAP` 付録 P.6 A-3
☎0577-32-2106 🈡水曜 🕙11:00〜14:30、17:30〜売り切れ次第閉店 📍高山市花里町6-6-9 🚉JR高山駅からすぐ 🅿なし

SOBA

menu
飛騨牛せいろ蕎麦
¥1,650
香り高いそばと飛騨牛のうまみ、焼ネギの香ばしさが美味

1.高級そば粉を使用した、ほどよい甘さのそばぷりん。極み¥400、抹茶¥450
2.地元で長く愛されるそば屋

フレンチの技が光る
新感覚ラーメン

飛騨高山中華そば M
ひだたかやまちゅうかそばエム

旅行情報サイトで日本のベストレストラン4位に選ばれたフランス料理店「レストラン ル・ミディ」（▶P.19）の姉妹店。ブイヨンをスープに使うなど、一般的なラーメンとは違った新しい味に出会える。上質な飛騨牛が味わえるのも特長のひとつ。

`古い町並周辺` ▶ `MAP` 付録 P.8 B-2
☎0577-35-3566 🈡不定休 🕙11:00〜14:30、17:30〜20:00（スープがなくなり次第閉店） 📍高山市本町2-10 🚉JR高山駅から徒歩10分 🅿なし

RAMEN

menu
A5 飛騨牛
とび肉塩そば
¥1,700
澄んだスープに飛騨牛の甘みが溶け出し、味の変化も楽しめる

1.カウンター席をメインに、奥には座敷席も用意 2.「M」の文字が書かれたのれんとイノシシのはく製が目印

もっと贅沢にステーキやしゃぶしゃぶで飛騨牛を食べたいなら、P.18をチェック!

TASTY FOOD!

Local Noodle

シンプルなのに奥が深い

懐かし系中華そば 高山ラーメン

昭和初期の屋台で食べられていた「飛騨中華そば」が原点。
何度でも味わいたくなるどこか懐かしい一杯をいただこう!

食欲を
そそる香り♪

まさごそば

昭和13(1938)年創業の老舗。リヤカーからスタートした、高山ラーメン発祥の店として知られる。魚介の風味が香るスープは、創業以来変わらぬ味として愛されている。濃い色の見た目に反して、醤油ベースのすっきりとした味わいが特徴。

古い町並周辺 ▶ MAP 付録 P.8 A-2

☎0577-32-2327 📅水曜、不定休
🕚11:00～16:00 📍高山市有楽町31-3
🚉JR高山駅から徒歩8分 🅿3台

1.創業時の味を守り続けている 2.中華そば以外のメニューはご飯とビールのみ

食べてみた!
自家製の細ちぢれ麺が、カツオだし香る醤油スープによくからむ。酢を入れると違った味わいを楽しめるのでおすすめ!

昔懐かしい味わい

元祖高山ラーメン
中華そば／800円

手早く作るよ

注文を受けると、大釜からスープを注ぐ。カウンター席では調理の様子も見られる

高山ラーメン 3つの特徴

麺 スープを持ち上げるちぢれ麺

直径1.5mmほどの細ちぢれ麺はスープがしっかりとからむ。のどごしの良さも特徴。

汁 どこか懐かしいあっさり醤油

鶏ガラ、野菜、煮干しなどでだしをとり、醤油や煮豚のタレを加えて一緒に煮込む。

具 飾り立てずシンプルに

チャーシュー、ネギ、メンマが基本の3本柱。地元の飛騨ネギを使う店が多い。

36

食べてみた！
飲み干す人も多いという醤油のタレとだしのバランスが良いスープは、さっぱりとしながら素材のうまみが詰まった味わい

中華そば／800円
地元の素材がたっぷり

大きな鼓の文字の看板と、鼓の絵が入ったのれんが目印

つづみそば

豚骨や岐阜県産の野菜など、7種類の素材でだしをとった自慢のスープは、澄んでいてコクがある。自家製チャーシューには岐阜の銘柄豚である"けんとん"を使う。

古い町並周辺 ▶ MAP 付録 P.8 A-1
☎0577-32-0299 休火曜（祝日の場合は営業）🕚11:30～14:00、17:00～20:00（材料がなくなり次第閉店日曜は11:00～14:00 📍高山市朝日町52 🚃JR高山駅から徒歩7分 Pなし

食べてみた！
鶏ガラやカツオ、野菜などの素材を生かしたスープ。黒胡椒がよいアクセントになっている。炙りチャーシューも美味

中華そば（並）／1000円
若き店主が作る屋台の味

繁華街に近く、地元の人にも愛され続けている

麺屋しらかわ
めんやしらかわ

かつて高山にあった屋台の味を再現する、行列のできる人気店。評判のあっさりスープは一度のみならず味わいたい。メニューは中華そばと味付け玉子だけという潔さ!

古い町並周辺 ▶ MAP 付録 P.8 A-1
☎0577-77-9289 休火曜🕚11:00～スープがなくなり次第閉店 📍高山市相生町56-2 🚃JR高山駅から徒歩8分 Pなし

同じ並びに支店の角店がある。駐車場は本店と共用

中華そば／800円
コシのあるちぢれ麺とあっさりスープ

食べてみた！
食べ終わるまでコシを維持する自家製のちぢれ麺に、数種類の醤油をブレンドしたこだわりのスープがよく合うと好評

やよいそば

カツオ節が香るスープは、地元の濃口醤油をベースに選りすぐりの魚醤を隠し味として加えている。箸でつかむとくずれるほど柔らかい自家製チャーシューも絶品!

古い町並周辺 ▶ MAP 付録 P.6 B-2
☎0577-32-2088 休火曜（祝日の場合は14:00頃まで営業）🕚11:00～15:00（角店は～18:00、4～11月は～19:00）📍高山市七日町1-1 🚃JR高山駅から徒歩15分 P3台

Local Cuisine

山里ならではの伝統の味

飛騨のお料理、いただきます

飛騨牛をはじめ、山菜や川魚などを盛り込んだ飛騨の郷土料理。
風情ある名店でじっくり味わおう!

✓ TRADITIONAL ✓

menu
在郷定食
¥3,000

山菜や漬物を使った煮物の
盛り合わせに、朴葉焼きや
川魚の甘露煮など飛騨の味
わいがたっぷり詰まった定食

朴葉味噌焼き

川魚の甘露煮

こもどうふ

宿儺かぼちゃ

ころいも

あずきな

煮たくもじ

築160余年の趣ある古民家で
多彩な郷土料理を

京や
きょうや

飛騨に伝わる漬物や煮物、飛騨
牛料理などの郷土料理と旬の味
をいただける。朴葉味噌焼きに
は、麹味噌とあぶらえなどを調合
した自家製の味噌を使用。気さ
くな女将さんも魅力的で、地元
の常連客も多く集まる。

櫻山八幡宮 ▶ MAP 付録 P.6 B-2
☎0577-34-7660 休火曜 ⌚11:00～
14:00、17:00～20:00 ♥高山市大新町
1-77 ♥JR高山駅から徒歩15分 Ｐ12台

1.江名子川沿いの静かなエリアにあ
る、越後の民家を移築した店舗
2.歴史を感じる趣ある店内には、炭
火の囲炉裏もある

♪ PICK UP! ♪
郷土料理

煮たくもじ
塩抜きした漬物(くもじ)
を煮付けたもの

朴葉味噌焼き
朴葉の上で味噌にネギ
やきのこをからめて焼く

ころいも
小さなじゃがいもを皮ご
と甘辛く煮たもの

こもどうふ
わらで編んだ「こも」で
包み、味付けした豆腐

久田屋
ひさだや

MACHINAMI 古い町並エリア

江戸時代末期に建てられた町家造りの食事処。100年以上続いた老舗料理旅館であった当時から愛されていた、飛騨の山菜や朴葉味噌などバランスの良い定食がそろう。店内に散りばめられた骨董品や美術品も見もの。

古い町並 ▶ **MAP** 付録 P.8 B-3

☎0577-32-0216　㉻不定休
🕐10:30～14:00　📍高山市上三之町12　🅿️なし

menu

田舎料理定食

¥1,500

飛騨の山菜や煮物など色とりどりの盛り合わせが楽しめる定食。素材の味や食感を引き出すやさしい味わい

彩り豊かな田舎料理

いろいろを少しずつがうれしい！

湯葉巻き

赤カブ

ひめたけ

ささげ

わらび

1.靴を脱いで趣ある囲炉裏のある座席へ。正月など、季節ごとに変わる店内の展示にも注目！
2.初夏には軒先に鮮やかな藤の花が咲き乱れる

Gourmet

飛騨の郷土料理

朴葉味噌ステーキ

風情ある古民家風の店内で飛騨の味わいに舌鼓を打つ

寿々や
すずや

贅沢な飛騨牛料理をはじめとした飛騨の味が満喫できる民芸食事の店。寿々や特製朴葉味噌は、ご飯はもちろん地酒にもよく合う。飛騨野菜や山の幸を使ったヘルシーな山菜みそ鍋¥1,700～もおすすめ。

古い町並周辺 ▶ **MAP** 付録 P.8 A-1

☎0577-32-2484　㉻不定休(火曜の場合が多い)　🕐11:00～14:00、17:00～20:00　📍高山市花川町24
🍴JR高山駅から徒歩7分　🅿️7台

menu

朴葉みそステーキ

¥1,900～

朴葉の上でひとくちサイズの飛騨牛を焼く、香り豊かな飛騨の定番料理。寿々や特製味噌が味の決め手

1.飛騨の建築様式を取り入れた古民家風のたたずまい
2.飛騨の木材を使った椅子席と、畳をベンチ式に仕立てた席のある店内

歴史と風格ある名店で食す、こだわりの郷土料理は、まさに格別の味わい！

New Wave

おいしいもの、そろってます

定番だけじゃものたりない!

スタイリッシュ高山グルメ♪

ここ最近では、海外からの観光客がぐんと増えている高山。
外国人をも魅了するグローバルな絶品グルメがトレンドに!

menu

飛騨牛バーガー

¥2,850

ステーキのような食感を残した飛騨牛100%のパテをサンド。フレンチフライ付き。数量限定なので早めに訪れて

HIDA BEEF BURGER

飛騨牛の存在感に感動!贅沢すぎるハンバーガー

ボトルビールがずらり!

約20種類のボトルビール¥700〜をそろえる。ビールとハンバーガーの相性は最高!

1.古い町並に溶け込んだオールドアメリカンなデザインがおしゃれ 2.店内には、オーナーが趣味で集めたグッズがセンスよく飾られている 3.外国人ゲストのために英語メニューも用意

CENTER4 HAMBURGERS
センターフォーハンバーガーズ

古い町並エリア MACHINAMI

パクッと豪快にかぶりつくアメリカンサイズのハンバーガーが人気。日本全国だけでなく、海外からも店の評判を聞きつけてお客さんがやってくる。トッピングの量や、挟む順番にもこだわりあり。

古い町並 ▶MAP 付録 P.9 C-3

☎0577-36-4527 休水曜 ⏰11:00〜14:30、17:30〜20:00
※入店待ちが多数の場合、早めに受付終了の可能性あり
📍高山市上一之町94 🚶JR高山駅から徒歩15分 🅿2台

Vegetable

Superfood

menu
季節の野菜と
飛騨牛のランチコース

¥4,000

ランチは完全予約制。前菜、スープ、サラダ、麺料理、飛騨牛のステーキ、スイーツ

野菜がおいしい小さな農園カフェ

植村
うえむら

標高1,000mの山之村地区で無農薬野菜を栽培する石橋自然農園が営むカフェ。メニューは収穫した野菜によって決める。種から育てた野菜は驚くほどうまみたっぷり！

高山駅周辺 ▶ MAP 付録 P.6 A-3 ⓇⒸ

☎0577-70-8022　休不定休
⏰11:30～14:30、19:00～24:00（昼は完全予約制）　♀高山市天満町6-6
🚃JR高山駅から徒歩5分　Ｐなし

1. キャンディランタンはスーパーフードとしてセレブも注目！
2. カウンター5席のほか、離れの和室もある

Roll Sushi

＼断面にもご注目♪／

menu
ロール寿司各種

4p ¥295 ～

手前からシャギーロール、スーパーノブロール、飛騨牛ロール。日本の寿司とは違う食材のハーモニー！

意外な組み合わせもお試しあれ！

Sushi-Dining Nob
スシダイニングノブ

和食出身のオーナーが、アメリカのスシバーで働いた経験を生かして作るカラフルなロール寿司は全部で26種類。和と洋をミックスした組み合わせがおもしろい。

古い町並周辺 MAP 付録 P.6 B-3

☎0577-62-8885　休水曜
⏰11:30～14:30、17:30～22:30
♀高山市本町3-58-2
🚃JR高山駅から徒歩15分
Ｐなし

お客さんの7割以上が外国人なのだそう

古民家を改装したシックで落ち着いた空間

Pasta

menu
タッコーニパスタ
飛騨牛の黒胡椒煮込み
ペポーソ風ソース

¥2,500

飛騨牛を使ったソースは黒胡椒をアクセントに。濃厚な味わいでワインがよく進む

地元の食材で作る本格イタリアン

オステリア・
ラ・フォルケッタ

クッチーナ・テリトーリオ（土地の料理）をテーマに、地元の食材をイタリアンの技法で調理する。飛騨牛を使ったパスタや自家製コンビーフなどが好評。

古い町並周辺 MAP 付録 P.9 D-3

☎0577-37-4064　休木曜、金曜の昼
⏰11:30～13:00（最終入店）、18:00～20:00（最終入店）　♀高山市吹屋町3
🚃JR高山駅から徒歩13分　Ｐなし

Ｇｏｕｒｍｅｔ

スタイリッシュグルメ

「オステリア・ラ・フォルケッタ」では、鹿や仔猪などのジビエ料理も楽しめる。

Oyatsu

たっぷり歩いて、おなかもいっぱい♪
古い町並ワンハンドおやつ

古い町並のメインストリートには、たくさんのグルメ店が点在!
スイーツや飛騨牛メニューなど、おいしい名物を片手に散策しよう。

飛騨牛串焼 A5 塩赤身
1本¥600
噛めば噛むほど肉汁あふれる飛騨牛の味わいが広がる!

あぶらえ餅
1個¥194
あぶらえ（エゴマ）を練りこんだ餅に、つぶあんの甘さがマッチ

 Sweets

雪国すき焼き
¥780
飛騨牛すき焼きに綿菓子をオン!綿菓子を割り下に溶かして完成

最高級本抹茶ソフトクリーム
¥500
店の石臼で挽いた高級本抹茶100%を使用。大人の味わいが美味!

あっさり豆乳バニラアイス

HOT HOT

飛騨牛とろ煮
¥900〜
飛騨牛の肩ロースと牛すじ、こんにゃくを地味噌で煮込んだ一品

バリバリあいす最中
¥302
注文ごとに、自家製あんとアイスを繊細な皮でやさしくプレス

わたがし紅茶ミルクティー
¥500
香り豊かな和紅茶ミルクティーに綿菓子がのった人気メニュー

子鯛焼き
5個¥300〜
5種類の味がランダムに入っている、ひとくちサイズの鯛焼き

D ひと手間かけた飛騨牛を
六拾番 ろくじゅうばん
注文してから焼き上げるA5ランクの飛騨牛串焼きや、手の込んだ飛騨牛の煮物が楽しめるテイクアウト専門店。
古い町並 ▶MAP付録 P.8 B-1
☎0577-33-2683 休水曜
⏰10:00〜16:00
📍高山市上三之町60
🚶JR高山駅から徒歩10分 Ｐなし

C 地元のオリジナル和菓子
飛騨大井屋 ひだおおいや
こだわりの和菓子には、国産原料と地元の食材を使用。保存料などを使わず手作りにこだわった一品がそろう。
古い町並 ▶MAP付録 P.8 B-1
☎0577-32-2143 休不定休
⏰10:00〜16:30頃
📍高山市上三之町68
🚶JR高山駅から徒歩10分 Ｐなし

B 綿菓子との絶品コラボ
岩ト屋 いわとや
綿菓子と飛騨牛をマッチさせた、斬新なメニューを味わえる店。純度99.9%以上のザラメの綿菓子が自慢。
古い町並 ▶MAP付録 P.8 B-2
☎0577-36-0102 休不定休
⏰10:00〜16:00 📍高山市上三之町79-2 🚶JR高山駅から徒歩10分 Ｐなし

A 和スイーツでホッとひと息
茶乃芽 ちゃのめ
ひんやり系から温かいドリンクまで、テイクアウトはもちろん古い町並を見下ろしながらのイートインも。
古い町並 ▶MAP付録 P.8 B-2
☎0577-35-7373 休無休
⏰10:00〜16:30 📍高山市上三之町83 🚶JR高山駅から徒歩10分 Ｐなし

Let's GO!
古い町並MAP
MACHINAMI 古い町並エリア

飛騨大井屋　岩ト屋　茶乃芽　手焼煎餅堂　さんまち通り
じゅげむ　　　　　　　　　　　　　　　高山プリン亭 **H**
安川通り　**C** **E** **B**　**A**　咲くやこの花 こって牛
D 六拾番　　　　　**F**

158

鍛冶橋　高山駅へ　柳橋　筏橋　中橋　宮川
　　　　　　　　　本町通り　　　　● 高山陣屋

プリン
ソフトクリーム
¥400

なめらかなプリンの魅力をソフトクリームで再現し、アラザンで雪を表現

飛騨の
大太鼓
¥400

直径15センチもの大判! 秘伝の醤油ダレでペロリと完食できちゃう

Gorgeous!

飛騨牛三種盛り
3貫¥1,000

煎餅のお皿の上に、最高等級のとろける飛騨牛寿司を盛り合わせ

Fried Food!

飛騨牛
コロッケ
¥250

飛騨牛の甘みをサクッとした衣で閉じ込めたアツアツのコロッケ

いちごや抹茶、季節限定の味などがある2層になったプリンも、イートイン&テイクアウトで楽しめる♪

冬限定♪

溶かしチーズ
¥190

独自ブレンドのチーズがたっぷりのった寒い季節だけの限定商品

まるっぽみかん
1本¥100

みかんを自家製シロップにくぐらせて冷凍したシャリ感デザート

Yummy!

飛騨牛串焼き
¥300〜

赤身、霜降り、ロースの3種。それぞれにぴったりの味付けで提供

H 素材きわ立つなめらかプリン

高山プリン亭
たかやまプリンてい

大正時代の建物を改修したプリン専門店。材料に、マダガスカル産最高級バニラビーンズをたっぷり使用している。

古い町並 ▶ **MAP**付録 P.8 B-3

☎0577-70-8490　休不定休
🕙10:00〜16:00　高山市上三之町95　JR高山駅から徒歩10分　Pなし

G 新感覚の煎餅に出会える

手焼煎餅堂 てやきせんべいどう

備長炭で一枚一枚ていねいに仕上げる手焼き煎餅専門店。おなじみの味から変わり種まで多彩にラインナップ。

古い町並 ▶ **MAP**付録 P.8 B-2

☎0577-33-9613
休不定休　🕘9:00〜17:00　高山市上三之町85　JR高山駅から徒歩10分

F 行列覚悟の古い町並名物

咲くやこの花 こって牛
さくやこのはなこってうし

名物の飛騨牛のにぎり寿司を求めて多くの観光客が並ぶ人気店。店内には飲食スペースと、個性あふれるおみやげも。

古い町並 ▶ **MAP**付録 P.8 B-2

☎0577-37-7733　休無休
🕙10:00〜17:00　高山市上三之町34　JR高山駅から徒歩10分　Pなし

E 香ばしい香りに足を止めて

じゅげむ

名物の飛騨牛コロッケや、部位ごとに違った味わいを堪能できる飛騨牛の串焼きを、リーズナブルにゲット!

古い町並 ▶ **MAP**付録 P.8 B-2

☎0577-34-5858　休無休
🕘9:00〜16:30　高山市上三之町72　JR高山駅から徒歩10分　Pなし

どのお店の前にもベンチやイスが用意されているので、座って味わって。

Wa Cafe

ノスタルジックな空間に癒される

和カフェ&喫茶でくつろぎタイム

店名にちなんだ
青い看板が
目印

cafe

古い町並を歩くと、雰囲気の良い落ち着いたカフェや喫茶店を発見！
店自慢のスイーツを味わいながら、まったりとしたひとときを過ごしちゃおう。

自然あふれる花木を眺めながら 心ときめくスイーツをいただきます

1

雪玉ぜんざい
¥650

2

抹茶パフェ
¥1,000

3

カフェ青
カフェあお

MACHINAMI
古い町並
エリア

雑貨店「青」が手がける古民家カフェ。抹茶や小豆を使った自家製のスイーツがそろい、飛騨牛乳や飛騨リンゴなど、地元の素材や旬の食材を生かしたメニューも。古き良き日本家屋のような店内には、センスの良いランプやクッションが並び、思わず長居したくなるような雰囲気が魅力的。

古い町並　MAP 付録 P.8 B-1

☎0577-57-9210　🏠水・木曜　🕙10:00〜16:30　📍高山市上三之町67（老田酒造店敷地内）　🚶JR高山駅から徒歩10分　🅿なし

4

5

1.中庭を望む特等席　2.抹茶アイスやほうじ茶のブランマンジェ、黒豆など盛りだくさん　3.国産小豆を使った看板メニュー。温かいものと冷たいものから選べる 4.手ぬぐいや食器などセンスの良い和小物も販売　5.広々した座敷席も備える

喫茶去 かつて
きっさこかつて

MACHINAMI
古い町並
エリア

格子窓のモダンな空間で古い町並を眺めほっと一息

築160年の建物が生み出すレトロモダンな雰囲気のなか、ネルドリップで淹れるかつてコーヒーが味わえる。小豆の入った抹茶ミルクなど、オリジナルドリンクも充実。店内の窓からは古い町並を望むこともできる。

古い町並 ▶ MAP 付録 P.8 B-2
☎0577-34-1511 休水・木曜不定休
🕙10:00〜17:00 📍高山市上三之町92
🍴JR高山駅から徒歩10分 Pなし

1.落ち着いた雰囲気の店内には畳の席も 2.わらびもちや麩菓子、小豆などの層に抹茶アイスがのる 3.バニラアイスやソーダ水のジュレなどが入ったパフェ。甘酒をかけて召し上がれ 4.店の外にある看板にはおすすめメニューが並ぶ

白いパフェ 雪どけ ¥800

あまがさね 日本茶ぜ ¥1,30

藍花珈琲店
らんかこーひーてん

MACHINAMI
古い町並
エリア

白壁の蔵造りが特徴的で、季節の花や民芸の調度品が店内を彩る。大正ロマン漂う空間で、こだわりのコーヒーと手作りスイーツを楽しめる。

古い町並 ▶
MAP 付録 P.8 B-3
☎0577-32-3887 休木曜(祝日の場合は営業)
🕙9:00〜18:00 📍高山市上三之町93 🍴JR高山駅から徒歩10分
Pなし

大正ロマンを感じながらあったかスイーツを♪

茶プチーノとわらび餅プリンのセット ¥1,100

1.天井が高く優雅な空間 2.極上の抹茶を使った濃厚な茶プチーノと、飛騨のえごまソースがかかったあつあつのわらび餅プリン

個性豊かな木版画に囲まれてひとやすみ

1.店内の木版画は、ほとんどが購入できる。手ごろなポストカードなどの販売も 2.自家製のあんと白玉、バニラアイスなどが入った一品

クリームあんみつ (白玉入り) ¥800

飛騨版画喫茶ばれん
ひだはんがきっさばれん

MACHINAMI
古い町並
エリア

木版画が壁一面を飾るギャラリーカフェ。目を楽しませてくれる木版画は地元作家によるもの。北海道十勝産の小豆で仕込む自家製あんを使った甘味が人気で、小倉トーストやぜんざいなどのメニューがある。

古い町並 ▶ MAP 付録 P.8 B-3
☎0577-33-9201 休木曜不定休 🕙8:30〜17:00(冬期は9:00〜16:30) 📍高山市上三之町107 🍴JR高山駅から徒歩15分 Pなし

「喫茶去 かつて」の店主はデザイナー。センスが光るモダンテイストな店内は、見渡すだけでも楽しめる。

Shutter Chance

撮って食べて二度おいしい♪

素材自慢のフォトジェニックスイーツ

思わず写真に収めたくなる、味にも見た目にもこだわったスイーツを見つけた！
背景や構図にもこだわって、SNS映えするショットを狙ってみて。

Looks good

くだもの屋さんのパンケーキ ¥1,200
手絞りオレンジジュース ¥800

①

季節のフルーツを食べて
心も体もうるおい満点！

ver kLar
ヴェルクラール

宮川沿いにある果物店が営むカフェ。新鮮
な果物をたっぷり使ったフルーツパンケー
キや7〜9月限定の飛騨桃パフェ、タルトな
どを味わえる。おいしさはもちろん、見た
目の贅沢さも人気の秘密。

古い町並周辺 ▶MAP 付録 P.8 B-1
☎0577-32-2288 ▌休火曜 ▌9:30〜18:00
♥高山市本町3-3-2 ▌JR高山駅から徒歩8分
Pなし

②

1.甘さひかえめのパンケーキがフル
ーツの甘酸っぱさをひき立てる。
夏はメロン、秋はナシ、冬はイチゴ
などを使用 2.1階の果物店も併せ
て立ち寄ろう 3.7〜9月中旬に登
場する白桃パフェ ¥1,600は、期
間限定で飛騨桃バージョンになる

COLORFUL

③
季節のフルーツ
が登場！

46

Pancake

yummy

素材の味を堪能できる
まんまるパンケーキ

白金茶房 飛騨高山店
しろがねさぼうひだたかやまてん

ホテルの1階にあり、上質な空間が広がるカフェ。バターなどの素材にこだわり、優しい甘さに仕上げたクラシックパンケーキやスイーツ系&食事系にアレンジしたパンケーキを楽しめる。

高山駅周辺 ▶ MAP 付録 P.6 A-3

📞0577-32-5885　🈚無休　🕙10:00〜17:30（変更になる場合あり）　📍高山市花里町6-101 FAV HOTEL 飛騨高山EAST 1F　🚃JR高山駅から徒歩2分　🅿なし

クラシックパンケーキ
¥800

❶

開放感あふれる店内。駅前にあるため、電車の待ち時間に利用するのもおすすめ

こだわりのドリンクも！

❷

1.表面はサク、中はしっとりでややわらかい食感のパンケーキ。材料にさわやかな酸味と芳醇なミルクの香りが特徴のバターを使用している　2.ほうじ茶オーレ¥700はパンケーキとの相性もぴったり

Sweet♡

❶

1.生クリーム、カシスクリーム、プラリネクリームの3種のクリームの上にモンブランペーストをのせ、北アルプスをイメージしている。別添えの雪塩をかけて、味変するのもおすすめ
2.店内には、みやげコーナーのほか緑あふれるテラス席も備える

栗きんとんの名店が
手がける和洋スイーツ

恵那川上屋 高山花筏店
えなかわかみやたかやまはないかでたん

栗きんとんで有名な「恵那川上屋」の支店。カフェスペースでは、岐阜県の素材を生かした和菓子や洋菓子を堪能できる。長さ約30cmの「高山モンブラン」は、高山花筏店限定のメニュー。

古い町並周辺 ▶ MAP 付録 P.8 A-2

📞0577-37-2002　🈚無休　🕙9:00〜17:00（カフェは〜16:30）　📍高山市花川町46　🚃JR高山駅から徒歩5分　🅿3台

高山モンブラン
¥1,210（単品）
¥1,408（ドリンク付き）

4通りの味わいを
楽しめる

❷

高山の街を走るフルーツカフェ!?

Check!
Check!

姉妹で
営業中♪

フルーツカフェBitta
フルーツカフェビッタ

地元農園の姉妹が営む、移動販売専門のカフェ。旬の果物を使った濃厚なスムージー¥500〜が好評。出店場所や時間は日によって異なるので、SNSで確認を。

📞050-5867-3198　🈚不定休、冬期

果物の味を
存分に楽しむ
スムージー！

高山は、飛騨の小京都とも呼ばれる町。スイーツだけでなく、ノスタルジックな町並みもフォトジェニック！

Favorite♥

自分だけのとっておきアイテム

お気に入りの和雑貨をHunt!

高山には、乙女心をくすぐるかわいい和雑貨を扱うショップがいっぱい!
旅の記念やおみやげに、お気に入りアイテムを見つけよう♪

ⓒ

色鮮やかな一点ものの古布雑貨

うさぎストラップ
¥1,620
絹の古布でおめかしし
たうさぎの人形。カバ
ンに付けていつも一緒!

ブックカバー
¥1,400
絹の気持ちいい手
ざわりと、レトロ
な和柄がかわい
い!

ポーチ
¥1,510～
華やかな絹の古布で作
られたポーチ。色やサ
イズも豊富

木版手染ぬいぐるみ
戌¥1,740、仔戌¥1,570
野原のイヌヌデがモチーフの、こ
ろんとかわいらしいぬいぐるみ

Cute

さるぼぼ丸平がま口
各¥1,320
さるぼぼや日本酒、人力車、
中橋、白川郷合掌造り集落
などが描かれている

情緒あふれる
手染めの動物たち

ⓐ

ポチ袋
¥530
（3枚入り）
色合いや形が
少しずつ異な
る、干支がモ
チーフの木版
画のポチ袋

Wan Wan !!

キュートな和柄の小物がずらり

ⓑ

高山限定刺繍足袋ソックス
¥1,100
刺繍のさるぼぼがかわいら
しいソックス。サイズは婦
人用と紳士用から選べる

F

うさぎお手玉
各¥650
色とりどりの和布に包まれた、あどけない表情のうさぎがお手玉に

Usa-Chan

古い町並in飛騨高山
（お香20本入）
¥2,420
和風にアレンジした花の香りなど、5種類のお香がセットに

Shopping

和雑貨

全国のうさぎ好き必見の品ぞろえ

ちりめん匂い袋
1個¥580
色や柄も豊富。バッグや引き出しから漂う香りを楽しんで

D

やわらかな香りを旅の思い出に

木のブローチ
¥3,520〜
木の表情を生かして作られた、トチやブナなどのブローチ

E

作家のセンスが光る木の雑貨

pochiマスキングテープカッター
各¥3,080
天然木で木工作家がていねいに制作。一つひとつ木目や色が異なる

うさ美ハンカチ
¥550
うさぎのパッケージに入ったハンカチ。お店のオリジナルアイテム

kochiにはカフェもあるよ

Pachin!

BARホッチキス
¥3,080
手になじむ質感の木製ホッチキスは高いデザイン性が魅力！

F たかやまうさぎや
高山うさぎ舎

MACHINAMI 古い町並エリア

広い店内には、全国から集めたうさぎモチーフの雑貨がたくさん。さるぼぼのうさぎ版「うぼぼ」などのオリジナル商品にも注目！

古い町並 ▶MAP 付録 P.8 B-2
☎ 0577-34-6611
休 無休 ⏰ 9:00〜17:00（季節により変動あり） 📍 高山市上三之町37
🚃 JR高山駅から徒歩10分 🅿 なし

E コチ
kochi

GO BY CAR 高山駅から10分

クラフト作家のオーナー夫妻の作品をはじめ、木工クラフトや陶器、ガラスなどセンスあふれる生活雑貨をチェック。

高山郊外 ▶MAP 付録 P.4 B-3
☎ 0577-35-5176
休 木・金曜、第3日曜（祝日の場合は営業） ⏰ 11:00〜17:30 📍 高山市西之一色町3-813-7
🚃 JR高山駅からさるぼぼバスで9分、飛騨の里下バス停からすぐ 🅿 3台

D こうほのとや
香舗 能登屋

MACHINAMI 古い町並エリア

150種類ものお香や香立て、香炉などを販売する香りの専門店。おみやげに適した手ごろな価格帯のアイテムも充実する。

古い町並 ▶MAP 付録 P.8 B-3
☎ 0577-33-0889
休 水・木曜 ⏰ 10:00〜16:00 📍 高山市上三之町104
🚃 JR高山駅から徒歩10分 🅿 なし

古布で作られた一点ものの和小物は、お気に入りの柄に出会ったら早めに手に入れたい。

Handwork

ワンランク上のものが欲しい!

飛騨の手しごとにひとめぼれ

長く受け継がれた技で、手間をかけて、ていねいに作り出される高山の伝統工芸。
モダンなテイストも取り入れたアイテムもそろいます。お気に入りを見つけて!

飛騨春慶のピアス
¥3,500〜
三角の紅春慶にベージュのパールを合わせた人気の定番アイテム

飛騨春慶のイヤリング
¥3,500〜
ヴィンテージビーズやメタルパーツを組み合わせて制作。どのデザインも新鮮!

Cute ♪

ヘアゴム
¥1,700
艶やかな質感がヘアアレンジを大人っぽく格上げ。ブレスレットにも

旬顔のアクセサリーが人気

しゅんけいぬり
春慶塗
木目が美しい透け漆の工芸品。ここ数年で登場したオリジナルアクセサリーがSNSで話題に。

Ⓐ

伝統のモチーフをひと針ずつ

ひだざしこ
飛騨さしこ
布の補強を目的にした暮らしの知恵から生まれた。麻の葉や千鳥などの模様を木綿糸で手縫いする。
Ⓑ

鍋つかみ
各¥1,980
「麻の葉」模様が施されたミトン型の鍋つかみ。カラーも豊富でおみやげにも最適

コンパクトミラー
¥2,530
折りたたみ式で開くと自立するから使いやすいと人気のアイテム。バッグにそっと忍ばせて

赤のほかに、黄や緑、青、ピンクも♪

Ⓒ
コレオヒダタカヤマ
COREO Hida-Takayama
家具メーカーHIDAKAGUのアンテナショップ。創業以来、高山で培った技を継承しつつ、現在は制作拠点を海外へ。コストをおさえた手ごろな価格が魅力。
古い町並周辺 ▶ MAP 付録 P.8 B-2
☎ 0577-54-1885
休 不定休
🕐 10:30〜18:00
📍 高山市本町2-8
🚶 JR高山駅から徒歩10分
Ⓟ なし

Ⓑ
ほんぽひだざしこ
本舗 飛騨さしこ
伝統の模様をていねいに手縫いした、刺し子布のオリジナルグッズや手作りキットを販売する。カラフルな布と糸を用いた商品や手作りキットが人気。
古い町並周辺 ▶ MAP 付録 P.8 B-2
☎ 0577-34-5345
休 水曜
🕐 9:00〜16:30
📍 高山市片原町60
🚶 JR高山駅から徒歩10分
Ⓟ なし

Ⓐ
やまだしゅんけいてん
山田春慶店
伝統的な手塗りの技法を守りながら、食器や文具など暮らしに生かせるアイテムを展開。人気のアクセサリーはすべて一点もの。
古い町並周辺 ▶ MAP 付録 P.6 B-1
☎ 0577-32-0396
休 日曜、不定休あり 🕐 10:00〜17:00
(冬期は〜16:30)
📍 高山市大新町1-111 🚶 JR高山駅から徒歩15分
Ⓟ なし

美しくて丈夫な上質インテリア

もっこうクラフト
木工クラフト
匠の技による頑丈な作りや木目の美しさが魅力。家具やインテリア小物など、上質な品々がそろう。 **C**

マグカップツリー（オーク）
¥4,400
使いたいときにサッと手に取れる便利さと、ナチュラルな雰囲気を併せ持つ

ウォールクロック風（オーク）
¥14,300
風車をモチーフにした掛け時計。こげ茶色のウォルナットはシックな印象

一輪挿し曲木C
¥1,000
曲線が美しい曲げ木加工を採用。やさしい曲線が花を引き立ててくれる

部屋のアクセントに!

very Good!

箸置き
各¥2,200〜
季節の草花や定番の模様がモチーフ。品ぞろえは時期によりさまざま

染付唐草角平皿 ¥11,000
器は白さにこだわり、絵付けは鮮やかさを追求するのが職人の腕の見せどころ

鮮やかな色にひとめぼれ

染赤唐草マグカップ
¥21,000
菊唐草の文様を描いた人気アイテム。マグカップはほかに6種類ある

白い器に鮮やかな絵付け

しぶくさやき
渋草焼
歴史は江戸末期から。手描きによる大胆で色鮮やかな絵付けが特徴で「飛騨九谷」とも呼ばれる。 **D**

表情豊かな深い色合い

こいとやき
小糸焼
「伊羅保釉」と呼ばれる釉薬により深い色調が生まれる。使い込むほど色が変化していく。 **E**

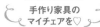

KAWAII

小さな花瓶 ¥1,210
高さ5cmほどのミニサイズ。小さな草花を1、2輪挿すのがGOOD

小ジョッキ
¥3,300
とくさ
砥草という植物がモチーフ。手描きしたストライプに茶伊羅保釉をかけた

飯碗（大）
¥2,750
コバルトブルーの青伊羅保は小糸焼特有の色合いで人気が高い

&MORE
♡ 手作り家具のマイチェアを ♡

高山市丹生川町に制作工房がある雑子舎。チェアは、木材や張地の種類、座面の高さなど、カスタマイズできる。

家具工房 雑子舎Gallery
かぐこうぼうざっしやギャラリー
📍MAP 付録 P.8 B-1
☎ 0577-34-5674
🗓 火・水・木曜、不定休
あり 🕙 10:00〜12:00、
13:00〜18:00 📍高山市
本町2-52 🚃JR高山駅
から徒歩10分 🅿 なし

チェア注文は
¥43,560〜

こいとやきかまもと
小糸焼窯元 **E**
家族で営む窯元。ざらっとした質感が特徴の伊羅保釉薬を用いる。色は青、茶、紫などさまざまで、使い込むほど美しく変化する。

GO BY CAR
高山駅から10分

高山郊外 ▶ MAP 付録 P.4 B-3
☎ 0577-32-1981
🗓 不定休 🕙 9:00〜
17:00（日によって変更あり）📍高山市上岡本町1-136 🚃JR高山駅からさるぼぼバスで10分、飛騨高山美術館バス停からすぐ 🅿 あり

しぶくさやきかまもとほうこくしゃ
渋草焼窯元 芳国舎 **D**
江戸末期に創業した窯元直営のギャラリーショップ。手作り、手描きにこだわった品々は気品にあふれ、手に取る喜びを体感できる。

MACHINAMI
古い町並エリア

古い町並 ▶ MAP 付録 P.9 C-1
☎ 0577-34-0504
🗓 木曜、不定休あり 🕙 10:00〜17:00 📍高山市上二之町63 🚃JR高山駅から徒歩15分 🅿 なし

「家具工房 雑子舎Gallery」の制作工房は事前に予約すれば見学OK！日曜、祝日、第2・4土曜は休み、不定休あり。

Wagashi

パクッとする前に記憶にとどめて♡

キュートな<u>和菓子</u>、みいつけた!

どれも
フォトジェニック♪

素材を生かした伝統の味や、洋の要素を取り入れた和スイーツなど、高山には実力派の和菓子がたくさん。かわいさと味で選ぶならコレ!

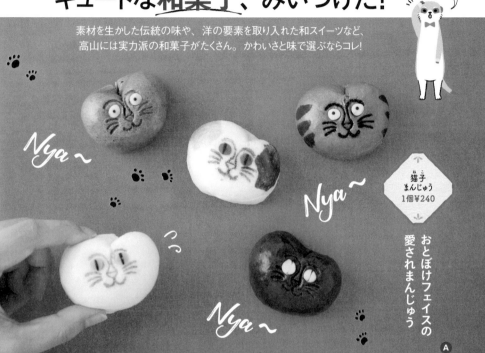

Nya～

Nya～

Nya～

Nya～

猫子
まんじゅう
1個¥240

おとぼけフェイスの愛されまんじゅう

Ⓐ

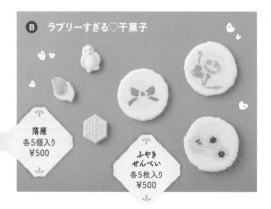

Ⓑ ラブリーすぎる♡干菓子

落雁
各5個入り
¥500

ふやき
せんべい
各5枚入り
¥500

ほかにも
いるよー!

A.とら、三毛など、全7種。それぞれ生地とあんの味が異なる　B.絵柄やモチーフは季節によってさまざまで、種類が豊富　C.高山の秋を代表する味。分隣堂なら良質な栗のおいしさが味わえる　D.卵とバターの生地に黄身あんを包んだ看板商品　E.四季折々の美しさを表現。そのときにしか出会えない形や味を楽しみにして　F.地元で愛される駄菓子。大豆粉と水あめを練り合わせて作る　G.箸で持ち上げられないほどやわらか。季節限定の味も　H.味はチョコレートやフルーツ。天然の着色料で染めている

D つぶらな瞳がキュート♡

ひよこ餅
1個¥200

Yummy!

C 栗よせ
半棹
¥1,300

どこを切っても栗、栗、栗！

F 素朴な味を噛みしめて

こくせん
（白ごま・黒ごま・落花生）
各80g
¥378

E 上生菓子
¥350〜
（右のみ¥250）

ラインナップはお楽しみ

H 職人技が光るあめ細工

ねぶり子
8本入り
¥648

Pretty!

G とろんととけるやわらかさ

早蕨（さわらび）
¥590

Puru

Puru

ひよこ庵 D
ひよこあん

高山郊外 ▶ MAP 付録 P.4 B-3

☎090-1759-9542 休水曜 🕐10:30〜19:00
📍高山市上岡本町4-293 🚉JR高山駅から徒歩16分
🅿3台

飛騨菓子匠 音羽屋 本店 H
ひだかししょうおとわやほんてん

古い町並周辺 ▶ MAP 付録 P.8 A-2

☎0577-33-4636 休無休（12〜3月は
水曜休）🕐11:00〜16:00 📍高山市有
楽町22 🚉JR高山駅から徒歩7分
🅿なし

分隣堂 B C
ぶんりんどう

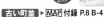 MACHINAMI 古い町並エリア

古い町並 ▶ MAP 付録 P.9 C-1

☎0577-32-1844 休不定休
🕐8:00〜19:00 📍高山市下二之町70
🚉JR高山駅から徒歩15分 🅿なし

いわき G
 MACHINAMI 古い町並エリア

古い町並 ▶ MAP 付録 P.8 B-4

☎0577-34-1113 休不定休
🕐9:00〜15:00 📍高山市上三
之町111-2 🚉JR高山駅から
徒歩10分 🅿なし

稲豊園 A E
とうほうえん

古い町並周辺 ▶ MAP 付録 P.8 A-1

☎0577-32-1008 休火曜
🕐9:00〜18:00 📍高山市朝日
町2 🚉JR高山駅から徒歩8分
🅿なし

谷松本店 F
たにまつほんてん

古い町並 ▶ MAP 付録 P.9 C-1

☎0120-46-9627 休不定休
🕐10:00〜16:30 📍高山市上一之町53
🚉JR高山駅から徒歩15分 🅿なし

分隣堂の栗よせの販売は、9月上旬〜11月下旬。春のよもぎ饅頭や冬の薯蕷饅頭も絶品。

Sake

古い町並で銘酒探し!

飛騨の地酒コレクション

MACHINAMI
古い町並
エリア

老舗の造り酒屋が集まる古い町並。伝統的な日本酒はもちろん、
日本酒をアレンジしたスイーツやコスメも要チェック!

由緒ある蔵元で
銘酒をセレクト♪

FUNASAKA

代表銘酒

大吟醸 四ツ星
[720ml] ¥5,680
米の甘みがやさしく
ふわりと香り、すっき
りとしたのどこし

自分のお気に入りの味わいを探して

店舗内には1銘
柄1コインで試飲
できる日本酒コ
インサーバーも

まるで日本酒のテーマパーク!?

舩坂酒造店
ふなさかしゅぞうてん

創業200年の老舗酒蔵。伝統の
味を守りつつも日本酒コスメの
開発など、日本酒の新しい楽し
み方を提案する。敷地内には、
飛騨牛料理に日本酒を合わせて
味わえるレストラン「味の与平」
(▶P.34)もある。

ゆず兵衛
[500ml] ¥1,480
国産のゆずで日
本酒を飲みやす
くアレンジ。女性
人気No.1!

Sweet♥

**造り酒屋の
甘糀ドリンク**
[500ml] ¥780
砂糖・添加物など
を使わない自然な
甘みがおいしさの
秘密

古い町並 | MAP 付録 P.8 B-3
☎0577-32-0016 不定休
⏰8:30～18:00(冬期は変動あり)
📍高山市上三之町105 🚃JR高山駅
から徒歩10分 Ｐなし

日本酒コスメもほしい!

**ふなさかさけかす
ふっくらクリーム**
¥2,370
大吟醸深山菊と酒粕
エキスを配合したオー
ルインワンクリーム

**おとなの女性の
日本酒マスク**
¥550
日本酒の保湿パワー
でもちもち肌に。お
酒の香りも楽しんで

54

名の知れた「鬼ころし」の元祖
おいたしゅぞうてん
老田酒造店

1720年代創業で、辛口酒の「鬼ころし」が代表銘柄。酒蔵は高山市清見に移転したが、古い町並には直売店があり、カフェや雑貨店も併設する。

古い町並 ▶ MAP 付録 P.8 B-1

☎ 0577-32-0166　休 不定休　⏰ 9:30〜17:00　📍 高山市上三之町67　🚉 JR高山駅から徒歩10分　P なし

鬼ころし 純米大吟醸 原酒
[720ml] ¥4,235

フルーティな味わいで、ミラノ酒チャレンジ2023での受賞歴あり

旬にこだわった酒が魅力
にきしゅぞう
二木酒造

元禄8（1695）年の創業。吟醸造り一本で伝統の味を引き継ぐ。春から夏は生酒、秋から冬はひやおろしと、季節に合わせたお酒も提案。

古い町並 ▶ MAP 付録 P.9 C-2

☎ 0577-32-0021　休 不定休　⏰ 9:00〜16:00　📍 高山市上二之町40　🚉 JR高山駅から徒歩15分　P なし

大吟醸 生酒 氷室
[720ml] ¥2,200

冬仕込みの生酒は冷やで。フレッシュでさわやかな口あたりが特徴

伝統と酒造りの「心」を大切に
ひらせしゅぞうてん
平瀬酒造店

元和9（1623）年より「造り一筋で生きる」を家訓とし、特定名称酒のみを製造。銘酒「久寿玉」は地元で長く愛される。

古い町並 ▶ MAP 付録 P.9 C-3

☎ 0577-34-0010　休 無休　⏰ 9:00〜17:00　📍 高山市上一之町82　🚉 JR高山駅から徒歩15分　P 2台

Sweet♥
久寿玉のうめ酒
[180ml] ¥480

日本酒のうまみと梅の酸味が見事にマッチ！さっぱりとした味わい

寒造り製法で造られる銘酒
はらだしゅぞうじょう
原田酒造場

安政2（1855）年の創業以来、冬期仕込みにこだわり、数々の銘酒を製造。多くの賞を受賞し、品質の高さにも定評がある。

古い町並 ▶ MAP 付録 P.8 B-3

☎ 0577-32-0120　休 無休　⏰ 8:00〜18:00（11〜3月は〜17:00）　📍 高山市上三之町10　🚉 JR高山駅から徒歩10分　P なし

Sweet♥

和リキュール
各500ml
あらごし林檎・にごり梅 各¥1,450
白桃の露 ¥1,660

飛騨りんご、南高梅、完熟桃の果汁を使った日本酒ベースのリキュール

代表銘酒
純米吟醸 花酵母造
[720ml] ¥1,815

天然の花の「花酵母」で造られた日本酒はトロピカルな味わい

\\\ 日本酒スイーツをお持ちかえり！

地酒ゼリー
[3個入り] ¥1,150
日本酒の豊かな香りがふわりと漂う本格的な味

地酒ぷりん
¥480
アルコール度数がやや高めの、大人のためのプリン

飛騨山脈からのきれいな湧水と寒冷地育ちの酒造米がある高山では、古くから酒造りが盛ん。冬仕込みの酒は、キリリとした味わい！

果実感とさわやかさが特徴の酒
ひらたしゅぞうじょう
平田酒造場

創業から120余年、「酒は醸し育てるもの」をモットーに手造りにこだわる。時に厳しく、時にやさしく、少量小仕込みでていねいに製造。

古い町並 ▶ MAP 付録 P.9 C-1

☎ 0577-32-0352　休 不定休　⏰ 10:00〜17:00　📍 高山市上二之町60　🚉 JR高山駅から徒歩15分　P なし

昇龍乃舞 純米吟醸
[720ml] ¥2,420

昇龍道をイメージし醸しており、スッキリとした飲みやすい味わい

地元高山でしか買えない古酒
かわしりしゅぞうじょう
川尻酒造場

天保10（1839）年創業。コクの深い酒質にこだわり、おり酒以外はすべて数年間貯蔵熟成させた古酒を製造・販売。

古い町並 ▶ MAP 付録 P.9 C-2

☎ 0577-32-0143　休 無休　⏰ 8:00〜17:00　📍 高山市上二之町68　🚉 JR高山駅から徒歩15分　P なし

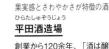
代表銘酒
久寿玉 大吟醸
[720ml] ¥3,850

フルーティな香りが高く、上品でなめらかな酸味が口の中に広がる

本醸造 熟成古酒 天恩
[720ml] ¥1,730

コクがありつつも飲みやすく、熟成酒の初心者にもおすすめ

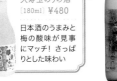

5月下旬から6月下旬にかけて、古い町並で試飲をしながら酒蔵をめぐるスタンプラリーが開催される。

LET'S GO!
EDO

Historic Spot

今ではありえない!? エピソードが満載

高山陣屋で江戸時代へGO!

江戸時代に建てられて、今も当時の姿を残す貴重な建物「高山陣屋」。
今ではびっくりなエピソードやアイテムについて学んでみよう。

唯一現存の建物で
代官所の文化や暮らしを感じて

フォトスポットとして人気の表門の奥には、徳
川家の葵紋をあしらった幕が

陣屋だんごで
よりみち♪

毎日開催の高山陣屋前
朝市や、高山陣屋近くに
あるだんご店は大人気!
陣屋だんご店 …… P.103
高山陣屋前朝市 …… P.23

高山陣屋
たかやまじんや

「陣屋」とは、江戸からやってきた代官や郡代
が執務をした場所。江戸時代には、ここで年
貢の取り立てや罪人の裁きなどがあった。幕末
まで全国に約60あった陣屋のなかでも、主要
な建物が現存するのは高山陣屋だけ。

古い町並周辺 ▶MAP付録 P.8 A-4
☎0577-32-0643 休12/29・31、1/1 時8:45～17:00
(11～3月は～16:30、8月は～18:00) 料430円 所高
山市八軒町1-5 交JR高山駅から徒歩10分 P なし

代官が暮らす役宅も敷地内に。
江戸期には珍しい3階建て

年中行事などに使われた
広間。襖の仕切りを開放
すると49畳にもなる

素敵デザイン
発見!

年貢米が
ぎっしり!

C

B

A

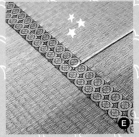

「キビし〜」も
「美しい」もあり!

江戸的アイテム

Snap!

うさぎさんを
探してね♪

Cute

E

D

抱石 (だきいし)
Stone to
interrogate
suspect
40kg / 1block

A.御蔵の屋根は板を重ねて重石を置くだけ。差し替えや修理が簡単♪
B.壁紙には、海の波を模した縁起のよい文様・青海波(せいがいは)が描かれている　C.年貢米を保管した御蔵
D.柱の釘を隠すための金具がウサギの形をしているのでよく見てみよう
E.部屋の格式に応じて、畳のヘリの有無が使い分けられた　F.役宅にある台所には、当時の調理器具を展示
G.約1枚40kgの抱石(だきいし)。当時、罪人の膝上に1枚ずつ載せたとか!

G

F

高山陣屋

&MORE

ガイドさんとめぐって
陣屋のことを
もっと知りたい!

見どころやエピソードが満載の高山陣屋で利用したいのが、無料ガイド。専門ガイドが在籍し、建物の歴史や見どころを案内してくれる。所要時間は約1時間。事前に予約をするか、空きがあれば当日窓口で申し込みをすることもできる。

役宅内で居間にあたる
「嵐山の間」

地元で採用された役人用の執務室。畳のヘリは無地になっている

ガイドは
窓口で
頼もう

代官はここでくつろいだ。中庭を望める、ゆったりとした空間

地元採用組が働いた
「御用場」

「高山陣屋」は靴を脱いで見学するので、冬の時期は厚手の靴下などを用意しておくとよい。

Discovery

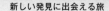

Festival Float

これぞフォトジェニックな祭り

心ときめく美しさ！ 高山祭、春と秋

「山・鉾・屋台行事」としてユネスコの無形文化遺産に登録されている高山祭。
春と秋のどちらも訪れて、圧倒的な美しさを堪能しよう。

It's Gorgeous!

日本三大美祭のひとつ

絢爛豪華な祭りを体験あれ

SPRING

毎年数十万人が訪れるよ！

高山祭
たかやままつり

春の山王祭と秋の八幡祭の総称
で、約400年の歴史を誇る。日本
三大美祭のひとつに数えられ、春
12台、秋11台の祭屋台はまさに
芸術品。総勢数百名におよぶ祭
行列もにぎやかで、撮影も観賞も
大迫力のなか楽しめる。

☎0577-32-3333（高山市観光課）

春の高山祭（山王祭）

城山公園 ▶MAP 付録 P.5 C-3
開催日：4/14・15
開催場所：日枝神社
（高山市城山156）ほか周辺

秋の高山祭（八幡祭）

櫻山八幡宮 ▶MAP 付録 P.7 C-1
開催日：10/9・10
開催場所：櫻山八幡宮
（高山市桜町178）ほか周辺

↑櫻山八幡宮
（秋の高山祭）

150

鍛冶橋　安川通り

広小路通り　さんまち通り

高山駅　高山陣屋　中橋

江名子川

神明町通り

宮川

高山本線

高山赤十字病院

城山公園

日枝神社
（春の高山祭）

1.上町が山王祭のおもな舞台。真っ赤な中橋の上も屋台が通る　2 春は3台の屋台でからくり奉納を披露。写真は石橋台　3夜祭と宵祭では各屋台に約100個の提灯が灯り、幻想的な雰囲気に　4.日中の屋台曳き廻しは秋だけ実施

SPRING

AUTUMN

秋だけの屋台曳き廻し

高山祭

高山祭を楽しむコツ

1 見物のベストスポットや宿は早めにおさえて

高山が一年でもっともにぎわうのが高山祭の期間。当日の宿は半年前には予約しておきたい。春なら中橋を屋台が渡るシーン、秋なら11台の屋台が並ぶ表参道あたりを撮影できる場所でスタンバイを!

2 開催地は春・秋でちょっと違います

春の山王祭は旧高山城下町南半分の氏神様「日枝神社」(山王様)の例大祭。秋の八幡祭は旧高山城下町北半分の氏神様「櫻山八幡宮」の例大祭。祭行列の春・秋の各コースは、高山市公式HPでチェックして。

名工の彫刻

谷口与鹿など名工の作品も(秋の鳳凰台)

刺繍がスゴイ

大幕には壮麗な刺繍が(春の五台山)

車輪にも注目

車輪にも手の込んだ装飾が(春の麒麟台)

3 絢爛豪華な屋台とからくりが最大の見どころ

高山祭のシンボルは祭屋台。匠の技が集結した芸術品で、デザインがそれぞれ異なる。屋台は3層構造で、高さ約7〜8m。熟練の綱方が糸を繰り、屋台上で披露する「からくり奉納」も絶対見たい!(一部の屋台でのみ実施)

見送り幕が豪華

京都・西陣織の大作など(春の五台山)

屋台は重要有形民俗文化財なので、高山祭当日が雨なら屋外行事は中止の可能性がある。

Old Style

職人のセンスと技が光る

町家で昔のLIFEをのぞき見

多くの名工が活躍していた高山には、今なお美しい町家建築が残存。
ため息が出るほど繊細な技法を体感しよう。

CLOSE UP!

アカマツに
春慶塗りを施して
木目をキレイに

COOL!

見上げて
圧巻の
スケール感！

CLOSE UP!

吹き抜けの空間

吹き抜けには29cm角、高さ8mにも及ぶ板目無節のヒノキが組まれ、束と梁がむき出しの立体格子はこのスポット一番の見どころ。

漆塗りの板戸の名は
「中抜き千本無双
連子戸」

海外からも評価される由緒ある豪商宅

吉島家住宅
よしじまけじゅうたく

天明4(1784)年に創業し、酒造業などで財を築いた豪商の家。明治40(1907)年に再建され、漆塗りの柱や梁、立体的な格子組などは「女性的」といわれるほど美しい。明治の名工・西田伊三郎による建築で、国の重要文化財にも指定されている。

桜山八幡宮 ▶ MAP 付録 P.6 B-2

☎0577-32-0038 休不定休 ⏰9：30～15：30 ¥500円
🚶高山市大新町1-51 🚉JR高山駅から徒歩15分 Pなし

▶ STUDY!

飛騨地方の豪商の家

高山エリアにはさまざまな事業で成功した商家が多く、建築制限が解かれた明治時代以降は、豪華な町家が次々と誕生。当時の旦那衆の心意気や職人技が光る名建築が残されている。

MODERN

吉島家当主の縁戚にあたる、美術家・篠田桃紅の作品などを多数展示。作品のコレクターだったジャズピアニスト、ジョン・ルイスのピアノBGMなどが流れる

ギャラリースペース

吉島家住宅のおとなりも豪商の邸宅!

江戸後期から明治にかけての各地の生活用品などを展示する国指定の重要文化財。吹き抜けには太さ約3mの大黒柱や長さ約13mの梁があり、からくりが仕掛けられたきらびやかなお仏壇は、パワースポットとしても話題に。

┃日下部民藝館
くさかべみんげいかん

[櫻山八幡宮]

MAP 付録 P.6 B-2

☎ 0577-32-0072 ❋ 無休
（12〜2月は火曜休、祝日の場合は翌日休）
⏰ 10：00〜16：00
¥ 1,000円 📍 高山市大新町1-52 🚃 JR高山駅から徒歩15分 P なし

座敷間から2段の踏み台を上って2間続きの部屋が続く。屋根に沿うように床が高くなるスキップフロア風の斬新な建築

文庫蔵

座敷奥には貴重品や書物などを収めていた蔵が。扉のケヤキは京都の東本願寺大門と同一材で、玉杢（渦のような木目）の部分が使用されている

中2階

軒先の目印には、かつて造り酒屋であった面影を残す三輪神社の杉玉が

Nice View!

中庭には四季の草花が咲き誇り、紅葉や雪風景などを楽しめる

わざと下地のアシや竹を見せる壁は、数寄屋造りの意匠演出のひとつ

PICK UP

庶民の町家はこちら!

切妻造りや吹き抜けに貴重な町家の原型が残る

松本家住宅
まつもとけじゅうたく

旧城下町の南エリアにたたずみ、市内に残存する町家のなかではもっとも古いとされる文久2（1862）年の建築。煙草製造卸や薬屋で使われた商売道具を蔵に展示。

[高山郊外] ▶ **MAP** 付録 P.5 C-3

☎ 0577-36-5600 📅 月〜金曜（祝日の場合は開館）⏰ 9：00〜16：30 📍 高山市上川原町125 🚃 JR高山駅から徒歩20分 P なし

「うなぎの寝床」の造りが特徴的

宮地家住宅
みやじけじゅうたく

明治8（1875）年の大火の直後に建てられた、半農半商の家主による当時の一般的な町家。この地域に特徴的な間口が狭く奥行きのある「うなぎの寝床」スタイル。

[櫻山八幡宮] ▶ **MAP** 付録 P.6 B-1

☎ 0577-32-8208 📅 月〜金曜（祝日の場合は開館）⏰ 9：00〜16：30 📍 高山市大新町2-44 🚃 JR高山駅から徒歩20分 P 3台

高山市内をはじめ飛騨地方には、豪商の旦那衆たちの奉仕による神社仏閣や屋台なども多く残る。

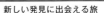

Traditional Life

伝統的な暮らしにふれる

郷愁誘うのどかな野外博物館

昔ながらの古民家約30棟が集まる博物館へ。
自然あふれる里山風景をのんびり楽しみながら先人の知恵を学ぼう!

荷車の車輪が
アーティスティック!

四季を肌で感じられる
日本の原風景にうっとり♪

1

2

3

紅葉シーズンの
土・日曜・祝日
にもライトアップ
されるんだって!

1.日本昔ばなしのような世界
が広がる里内。建物の中では
生産用具などのコレクション
を展示している 2.紅葉で彩
られた「飛騨の里」はより一層
魅力が増す 3.クリスマス期
間中と1月上旬〜2月末の夜
間にはライトアップも。雪化粧
した民家とかがり火が幻想的

飛騨の里
ひだのさと

GO BY CAR
高山駅から
10分

飛騨地方の古い民家が建ち並ぶ野外博物
館。豪雪地帯にあった茅葺き民家や、盆地
にあった榑葺き民家を移築して保存展示し
ている。暮らしの再現をテーマに、里内で
は民具作りの実演や四季を知らせる伝統行
事の再現も!

高山郊外 ▶ **MAP** 付録 P.4 B-3

☎0577-34-4711 休無休 ⏰8:30〜17:00（ライト
アップ時夜間延長あり）¥700円 📍高山市上岡本町
1-590 🚌JR高山駅から匠バスまたはさるぼぼバスで
9分、飛騨の里バス停すぐ Ｐ250台（1回300円）

「飛騨の里」を楽しむための2つのSTEP

STEP 1　古民家の特色をチェック

飛騨地方の民家は当時、積雪量によって異なる建築方法が使われていた。造りの違いや豪雪地帯ならではの工夫を探してみよう!

茅葺き

雪の重さを分散させる急勾配の屋根が特徴。飛騨地方でもとくに雪が多い北部に多く見られた

榑葺き

木材を薄く剥いで作った榑材を積み重ねた屋根が特徴。製材工具がない時代の知恵が詰まっている

STEP 2　実際の建物を見学しよう!

実際に使用されていた囲炉裏や農具などが見学可能。昔の人々の暮らしぶりを体感しよう!

Discovery

飛騨の里

旧田口家

代々名主を務めた大きな農家が住んでいた。寄り合いなどに使用された広い板の間があり、部屋数が多い

国指定重要文化財

旧若山家

寛政9(1797)年の建物。代表的な合掌造りの構造で、近年の改修箇所が少なく良好な状態が維持されている

旧新井家

江戸時代後期に建てられ、「飛騨の里」では比較的新しい榑葺きの建物。雪が多く降る旧清見村から移築された

旧中薮家

高山市周辺に住んでいた平均的な農民の暮らしが残存する建物。「タタキ」と呼ばれる土間は作業場として使われていた

＆MORE　ほかにもおすすめミュージアム

ミュージアム飛騨
ミュージアムひだ

GO BY CAR 高山駅から20分

「日本の美 飛騨デザイン」をコンセプトに、デザイン性に富んだ飛騨の家具製品などを展示している。

高山郊外　▶MAP付録 P.5 C-4

☎0577-37-6111(飛騨・世界生活文化センター)
休火曜(祝日の場合は翌平日休) 🕙10:00～17:20 💴500円 📍高山市千島町900-1
🚌JR高山駅からるぽぽバスで18分、世界生活文化センターバス停からすぐ Ｐ429台

飛騨高山テディベアエコビレッジ
ひだたかやまテディベアエコビレッジ

GO BY CAR 高山駅から10分

アンティークから人気アーティスト作品のベアまで、約1,000体のテディベアを展示。ショップやカフェも隣接する。

高山郊外　▶MAP付録 P.4 B-3

☎0577-37-2525 休水曜※要問い合わせ
🕙10:00～16:00(冬期不定) 💴1000円
📍高山市西之一色町3-829-4 🚌JR高山駅から匠バスまたはさるぽぽバスで9分、飛騨の里下バス停からすぐ Ｐ30台

「飛騨の里」では「鐘撞堂」で鐘つき体験もできる。うまくつくのは意外と難しい。

Handmade Item

飛騨のマスコットを連れて帰って♡
さるぼぼメイドバイミー

飛騨高山で必ずといっていいほど出会うおみやげの定番、「さるぼぼ」。
旅の思い出に手作りしちゃえば、いっそう愛着がわきそう♪

ONLY ONE!

体験メニューには土
人形絵付けや筆ペン
文字アート、竹ラン
プづくりなどもある

体験DATA

さるぼぼづくり体験

- ¥ 料金
  小サイズ ¥1,800
  大サイズ ¥2,200
- ⏱ 所要時間
  20〜30分

この建物が
目印だよ!

好きな色のさるぼぼを選び、自分
で願い事などを書いた腹当てをつ
けることができる。毎日実施され
ているが、事前予約がおすすめ。

STUDY!
さるぼぼって?

飛騨高山に伝わる人形で、縁結びや
安産などのお守り。頭巾と腹当て、
赤くて顔のパーツがないのが特徴。
名前の由来は「猿の赤ちゃん」から。

飛騨高山の匠の技や歴史・文化を体験

飛騨高山まちの体験交流館
ひだたかやままちのたいけんこうりゅうかん

古い町並エリア

2018年7月、「飛騨高山まちの博物館」の向かいに
オープンした、飛騨の伝統工芸の魅力を体感できる
施設。さるぼぼの手作り体験ができるほか、職人に
よる一位一刀彫などの実演も。地元食材を使ったカ
フェがあり、休憩にもおすすめ。

古い町並 ▶ MAP 付録P.9 C-2 ℝ

☎0577-70-8290 無休(臨時休館あり) ▶9:00〜19:00(交
流広場は〜21:00、カフェは10:00〜16:00) ¥入場無料
♀高山市上一之町35-1 ⮕JR高山駅から徒歩15分 Ｐなし

step 2

腹当てに文字を書き、胴体につける

好きな色の腹当てを選び、サインペンで好きな言葉を書く。できたらボンドで胴体につける。

書く文字は名前や願い事など何でもOK!

笑顔　SARUB　飛騨　EMIRI

step 1　さるぼぼを選ぶ

大きさは約6cmの小サイズと、約15cmの大サイズの2種類。好きな色をセレクトしよう。

step 4

お守りをつけて完成

お守りをポシェットのように斜めにかけて結べば、できあがり!

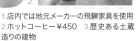

step 3

ちゃんちゃんこを着せる

ちゃんちゃんこ用の布をさるぼぼに着せる。ボンドは使わないため、きつめに着せてあげて。

FINISH!

さるぼぼ教室の修了証をもらえるよ

SARUBOBO　お守

Experience

さるぼぼ作り

\ PICK UP /

ほかにもこんな楽しみがあります

醤油蔵を改装したCAFEでひと休み

趣のある醤油蔵をリノベーションした「Café TAKAYAMA TERRACE」では、地元食材のパスタやカレー、和スイーツが登場。

1.店内では地元メーカーの飛騨家具を使用
2.ホットコーヒー¥450　3.歴史ある土蔵造りの建物

多彩な伝統工芸の実演を見学

週末を中心に、職人による伝統工芸の実演や組紐の体験なども開催。

1.一位一刀彫の実演は土・日曜、祝日の10〜15時に開催
2匠の技を間近で見学してみて

体験交流館での組紐づくりは、飛騨高山の丸台を使った本格的な体験ができる。

いつもとはひと味違う宿泊を
宿坊&ゲストハウスにチェックイン

お寺に泊まれる宿坊や、宿泊者同士の交流が楽しいゲストハウス。
国内外の観光客から注目を集めるスポットに宿泊して、魅力を発見しよう♪

tips
部屋数は全部で5部屋。最少1人から最大9人まで、部屋によって宿泊可能人数が異なるので、人数に合わせて選ぼう

Special Time

1. 3名まで宿泊できる花見の間。部屋の前には美しい庭園が広がる 2. 食事やほかの宿泊者との交流が楽しめるリビングルーム 3. 僧侶が読経する朝のお勤めからスタート。自由に参加できる

お寺で 文化体験

無心になりましょう

写経
心を清められる写経体験¥1,000。仏様の教えをつづり、自分の願いごとを書き加えて達成を祈る。

ヨガ
本堂で行なわれるヨガ¥2,500。インストラクターの指導のもと、体と心を整える。要事前問合せ。

瞑想
善光寺の住職によるていねいな解説と呼吸方法の説明があり、初心者でも参加できる瞑想体験¥3,000。

多彩なアクティビティが人気のお寺ステイ

TEMPLE HOTEL
高山善光寺
テンプルホテルたかやまぜんこうじ

気軽に訪れやすいオープンなお寺の宿坊。さまざまな文化体験のほかに、本堂の地下に続く階段を下りて行なう戒壇めぐりなど貴重な体験もできる。個別のシャワーや洗濯機などの設備が充実しているのもうれしい。

高山駅周辺 ▶MAP 付録 P.6 A-4
☎0577-32-8470 IN 16:00 OUT 11:00
和3 素泊まり1室9,000円〜(時期により変動) 高山市天満町4-3
JR高山駅より徒歩5分 P4台

趣深い和の雰囲気

オーナー家族のぬくもりあふれる空間

飛騨高山SOY
ひだたかやまソイ

GO BY CAR
高山駅から
15分

宿泊者以外も
利用できる
カフェ

築100年を超える古民家を再生したゲストハウス。センスを感じるオーナー厳選のインテリアが並び、モダンな雰囲気が漂う。設備も充実しており、エアコンやシャワーも備える。近くには温泉施設も。

高山郊外 ▶MAP 付録 P.4 B-1

☎0577-62-9005 IN 15:00 OUT 10:30 ■和2、洋1 ¥1泊朝食付1室12,000円～
♀高山市上切町365 ₪JR高山駅から車で15分(JR高山駅から送迎あり、要予約) ₽3台

エスプレッソラテ¥550やブラウニー¥850(ドリンク付き)など、こだわりの味が楽しめる

tips
1室ごとの料金設定のため、人数が増えるほどお得に宿泊できる。併設するカフェは13:00～18:00、土・日曜のみの営業。

Local Stay

1. オーナーや宿泊者との語らいを楽しめる共用スペース 2. 散歩もできる緑豊かな庭 3. 客室は和室と洋風なメゾネットから選択できる

Experience

宿坊＆ゲストハウス

オーナー手作りの朝食

1

2

3

冬の時期は薪ストーブが共用スペースを暖めてくれる。ゆらゆらと揺れる炎に癒されたい

和と洋から選択できる手作りの朝食。地元の野菜をふんだんに使ったメニューを味わい、パワーをチャージしよう

ゲストハウスの魅力って？
さまざまな人と交流ができるので、オーナーや外国の観光客との情報交換など、普段の旅とは違う楽しみ方も可能に！

&MORE

JR高山駅すぐの
ゲストハウス

飛騨高山ゲストハウス とまる
ひだたかやまゲストハウスとまる

カナダでツアーガイドの経験があるオーナー夫妻が営む宿で、ドミトリーとプライベートルームを備える。職人が作ったふかふかの布団も寝ごこちが良いと好評！

高山駅周辺 ▶MAP 付録 P.6 A-3

☎0577-62-9260 IN 16:00 OUT 10:00 ¥ドミトリー1名3,000円～ ♀高山市花里町6-5 ₪JR高山駅からすぐ ₽なし

「飛騨高山SOY」には、10歳以下の子どもは宿泊できないため注意しよう。

Relax Stay

ラグジュアリーな空間でゆったり♪

旅がはかどる! まちなかの癒し宿

旅の拠点には、高山駅や古い町並近くの宿を選ぶと便利!
さらに温泉や美食、エステなどお楽しみの充実度もチェックすべし。

飛騨家具を配した客室でゆったりと旅の疲れを癒して

Relax

1.離れの「りらっくす蔵」では、飴色に輝く立派な梁を見上げながら温泉に浸かることができる 2.現代の過ごしやすさと日本の伝統の両方が感じられる6室の新しいスイートルームが2023年冬に誕生 3.家具やライティングにまでこだわり抜いた個室料亭「曙」は、会話と美食を楽しめる上質な空間 4.最高級の飛騨牛や選りすぐりの海の幸など、毎月献立が替わる「月替わり会席」の一例

本陣平野屋 花兆庵

ほんじんひらのやかちょうあん

観光スポットへのアクセスも良い湯あみの宿。「お部屋に籠る」をコンセプトに、趣向を凝らしたスイートルームや女性限定の離れの古民家など、贅沢な空間で行き届いたおもてなしが満喫できる。宿泊者は姉妹館「本陣平野屋 別館」の施設も利用可能。

古い町並周辺 ▶ **MAP** 付録 P.8 A-3
☎0577-34-1234
IN15:00／**OUT**11:00 ■和10、洋14
¥1泊2食付34,100円〜 ♀高山市本町1-34 ♥JR高山駅から徒歩10分（無料送迎あり） **P**50台

Delicious♡

女性オンリー♥
離れの古民家で休息タイム!

選べる浴衣!

和室でエステ♪

りらっくす蔵

大人の女性限定スペース。エステ（有料）や白壁土蔵の温泉が楽しめる。色とりどりの浴衣レンタル¥1,100も用意。

飛騨花里の湯
高山桜庵
ひだはなさとのゆたかやまおうあん

朝食
バイキング

エリア初の全館畳敷きにこだわり、客室は畳の上にローベッドを配した和のしつらえに。展望露天風呂のほかに、3つの貸切風呂が無料で利用できる。郷土料理を盛り込んだ朝食バイキングも好評の湯宿。

飛騨牛や朴葉味噌など、郷土料理をはじめ約60品目のメニューが並ぶ

市内最高層からの眺めを誇る和のシティホテル

高山駅周辺 ▶MAP付録 P.6 A-4
☎0577-37-2230 IN15:00 OUT10:00
室和洋18、和133 ¥1泊朝食付11,000円
～ ♀高山市花里町4-313 ♥JR高山駅から徒歩5分 ₽60台(有料)

1.北アルプスと市街地を見渡す13階の眺望露天風呂
2.寝ごこちとくつろぎを追求した畳の客室

レトロモダンな町家でひと味違ったおしゃれステイ

アロマオイル♥

アロマポットと数種類のアロマオイルを無料で貸し出ししてくれる

おやど
古都の夢
おやどことのゆめ

高山の伝統建築にデザイナーズ家具が映えるモダンな空間。大浴場や露天風呂のほか、貸切風呂もある。選べる色浴衣やアロマオイル、ハーブティーなどリラックスできる無料サービスがあるのもうれしい。

高山駅周辺 ▶MAP付録 P.6 A-3
☎0577-32-0427 IN15:00 OUT10:00 室和21、洋1、和洋1 ¥1泊朝食付14,150円～ ♀高山市花里町6-11 ♥JR高山駅からすぐ ₽14台

1.和空間にカラフルなソファや調度品が備わる和室の一例
2.春は緑、冬には雪景色に変わる玄関がお出迎え

CLOSE UP!
ひと足
のばして♪

GO BY CAR
高山駅から
10分

オーベルジュ飛騨の森
オーベルジュひだのもり

静かなロケーションにたたずむ、イタリア料理とワインが味わえる宿。滞在中は、薪ストーブの吹き抜けラウンジでくつろいだり、自然散策やアクティビティに出かけたりと過ごし方は自由自在。

飛騨の食材がイタリア料理に!

高山郊外 ▶MAP付録 P.4 A-3
☎0577-34-6575 IN16:00 OUT10:00 室洋7 ¥1泊2食付25,500円～ ♀高山市新宮町3349-1 ♥JR高山駅から車で10分 ₽8台

1.海外で修業したシェフによるイタリア仕込みのディナーコース 2.自然と調和するナチュラルテイストな客室 3.どの空間からも周辺の豊かな自然が見渡せる

Healing
癒し宿

女性やカップル向けプランのほか、気軽に日帰り入浴できる施設や、ランチ付きプランを扱う宿もある。

COLUMN
Souvenir

7,000点以上の品ぞろえ

最強みやげスポットでお買い物
ユニークなおみやげをセレクト

伝統工芸品から名物グルメまで、飛騨みやげが充実する飛騨物産館。
高山祭をテーマにした館内に、なんと7,000点以上をそろえる。
そのなかからユニークでかわいいアイテムをピックアップ。さあ、Let'sおみやげ探し!

笠をはずすとキッかわいさも

まるでフィギュア!

娘を外に出す
ゲーム!?

箱入り娘 …… ¥1,760
飛騨高山の木工職人のお手製。「箱入り娘」のコマをはずしてゲーム開始。娘を玄関まで連れ出そう

飛騨の味をおうちで

ストライプ柄がおしゃれ♥

ビアカップ …… ¥1,870
飛騨高山の窯元「飛騨照見窯」のビアカップ。高山出身のオーナーが手掛ける器は日常に寄り添うデザインが魅力

飛騨の手造りドレッシング …… 各¥486
青じそ、赤かぶ、飛騨ねぎなど飛騨地方の名産品がソースに変身。サラダに合わせて!

飛騨街道 旅がらす
2個入り¥540
飛騨街道を行く旅人をイメージしたもなか。胴体部分にあんこが詰まっている。笠やマントは取りはずし可能

おやつにぴったり

さるぼぼキャンディー …… 1本¥324
あめ細工で作った小さなさるぼぼ。金運上昇の黄色など、色のパワーにあやかってチョイス!

こひるぷりん …… 1個¥380〜
飛騨の牛乳と卵で作るカスタードプリン。ひだりんごなどのフレーバーもある。「こひる」はおやつの別名

キュートなバラマキみやげ

飛騨みやげが集結!

高山グリーンホテル 飛騨物産館
たかやまグリーンホテルひだぶっさんかん

高山駅周辺 ▶ **MAP** 付録 P.4 B-3
☎0577-33-5505　無休　🕖7:00〜22:00
📍高山市西之一色町2-180 高山グリーンホテル内　🚶JR高山駅から徒歩6分　Ⓟ250台

心温まる日本の原風景

Shirakawago

昔ながらの生活様式を今に残す白川郷。四季折々に色づく日本の原風景に、いつ訪ねてもほっこりできるはず。

Warm up
your heart!

合掌民宿 大田屋 がっしょうみんしゅくおおたや

≫ P.78

世界文化遺産・白川郷で

合掌造りの家におじゃまします

江戸時代に建てられた茅葺き屋根の合掌造り家屋のなかはどうなっているの？
一般公開している家におじゃまして、建物のヒミツと田舎暮らしについて学びます。

かわいらしい三角屋根の建物がフォトジェニック♥

昔話の世界に迷い込んだみたい！

Shirakawago

Nostalgic

WHAT'S

自然と調和する合掌造り家屋は、独特の建築構造にも注目

白川郷？

114棟も！

Let's study!
キホン

名前の由来…

屋根の形が手のひら（掌）を合わせたように見えることから「合掌造り」と呼ばれる。

「結」の精神って？

白川郷に暮らす人の心には、相互扶助で助け合う精神が息づいていて、これを「結」の精神と呼ぶ。

すべての家屋が同じ向き！

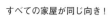

すべての家屋が南北を向いているのは、先人の知恵。冬は屋根全体に日が当たって雪解けや屋根の乾燥を助け、夏は風通しが良くなる。

白川郷は合掌造り家屋の集落です

茅葺き屋根の合掌造り家屋が114棟も残る白川郷の荻町。この、昔のままの農村風景が評価され、ユネスコの世界文化遺産に登録されている。時が止まったかのような美しい風景に、思わず見とれてしまう。

築約300年！合掌造り家屋のヒミツに迫る！！

和田家の
見学
POINT

1
3
2
4
5
6

昔の人の
知恵と技は
スゴイのだ

和田家
わだけ

こちらに
おじゃまします！

江戸時代に村の名主や組頭の役職を務めていた名家の建物を一般公開。主屋や土蔵など、すべてが国の重要文化財に指定されている。現在も住居として使われているため、見学できるのは1階の一部と2階まで。

荻町 ▶ **MAP** 付録 P.10 B-4

☎05769-6-1058 ■不定休 ■9：00～17．00 ■入館料400円
♥白川村荻町997 ■白川郷バスターミナルから徒歩3分 ■なし

間口14間、奥行き7間の建坪は、白川郷で最大規模。その堂々たるたたずまいは、一見の価値あり！

大きさに
注目

POINT
3 ウシノキ

囲炉裏の上部に架かる大梁のこと。その太さは、屋根の規模を知るバロメーターに。長い間ススにさらされ、真っ黒に変色！

2階以上は仕事場！

POINT
2 アマ
（屋根裏）

住居空間は1階のみで、2階以上では養蚕業などの家業が行なわれていた。南北に窓が開かれ、風通しが良くなるような工夫も。

POINT
1 屋根

斜度は
50～60度

開いた本を伏せたような急勾配の茅葺き屋根が最大の特徴。厚みは1m近くにもなる。大量に降り積もる雪の重さに耐え、雪下ろしの苦労を軽減するために、先人が編み出した工夫だ。茅は水はけが良く雨漏りを防ぎ、断熱性や通気性も高い。

夏でも
火が入る！！

POINT
4 囲炉裏

「おえ」と呼ばれる居間の中央には囲炉裏がある。上部は吹き抜けになっていて、煙が屋根裏に流れる仕組みだ。煙には殺虫効果が、ススには建材を頑丈にする役割があり、かつては一年中、薪で火を焚いていた。

屋根の葺き替えは 一大イベント！

約30年に1度行なわれる屋根の葺き替えは、村民総出の一大行事。数は少なくなりつつあるが、確実に伝統として受け継がれている。

POINT
5 小屋組

釘などを使わない工法は、合掌造りの大きな特徴。木の枝をやわらかくした「ネソ」などを使う。

POINT
6 ナイジン
（仏間）

白川郷では浄土真宗が厚く信仰されていて、和田家に限らず、各家に立派な仏壇がある。

ニッポンって美しい！

タイムスリップ気分でおさんぽ

白川郷の荻町集落は、南北約1.5km、東西約350mの徒歩圏内に合掌造り家屋の建物を生かしたステキな立ち寄りスポットがいっぱい。おさんぽ気分で、美しい自然に囲まれた日本の原風景と古き良き暮らしを楽しもう！

田植え！ 2

夏空！ 3

雪！！ 4

A

BEAUTIFUL ♡ 1

集落全体と白山連峰を一望！

A 荻町城跡展望台
おぎまちじょうあとてんぼうだい

足利将軍の命で白川郷に進出した内ヶ島家の家臣・山下氏勝の山城だった場所。合掌集落から少し離れた高台にあり、季節ごとに表情を変える荻町の合掌造り集落と白山連峰が一望できる。

荻町 MAP 付録 P.10 B-3

☎05769-6-1311(白川村観光振興課)
🕐見学自由 ¥見学無料 📍白川村荻町 🚶白川郷バスターミナルから徒歩15分、シャトルバスで10分 Ｐなし

おさんぽMAP

みやげ店とカフェに併設する展望台

荻町城跡展望台
天守閣展望台
白川郷バスターミナル
白川郷の湯
展望台行きシャトルバス乗場
和田家
庄川
こびき屋
せせらぎ公園
神田家
荻町公園休憩所「ゆるり」
秋葉神社
せせらぎ公園駐車場
であい橋
野外博物館合掌造り民家園
車両通行規制区間 9:00〜16:00

A B C D

おさんぽのマナー

合掌造り集落は生活の場。公開している施設以外への立ち入りや無断撮影はNG。また、冬期ライトアップ見学は完全予約制(☎05769-6-1013 白川郷観光協会)。

駐車場は…

せせらぎ駐車場(8:00〜17:00、200台、1回¥1,000)を利用。

展望台行きシャトルバス

1時間に3本運行。片道¥200。

ノスタルジック♪

田炉裏には一年中、火が入る！

絶景とスリルを味わえる橋！

1. 展望台からの風景は、まるで一枚の絵画を上から見下ろしているよう　2. 5月下旬の田植え祭。地元の女性たちが早乙女姿で苗を植えていく　3. 白川郷の夏は過ごしやすい気候で、濃い緑が美しい　4. 雪景色も息をのむ美しさ　5. 大広間は当時、暖をとったり煮炊きをしたりと家族が集う生活の中心の場だった　6. 江戸時代後期に石川県の宮大工によって建てられたといわれる　7. 明善寺庫裡郷土館は、全国でも珍しい合掌造りの寺　8. 和田家の隣にある、合掌造りのみやげ店　9. であい橋は、せせらぎ公園駐車場と合掌造り集落を結ぶ、全長107mの吊橋　10. わら細工体験￥1,800〜（要予約）や、そば打ち体験1人￥3,150、ペア￥4,800（要予約）ができるほか、どぶろくアイス￥300も販売　11. 住宅だけでなく、神社や寺の本堂、水車小屋などもある

SHIRAKAWAGO
TIME SLIP

タイムスリップさんぽ

白川郷の暮らしをプチ体験！

D 野外博物館 合掌造り民家園

やがいはくぶつかん　がっしょうづくりみんかえん

村内から移築した民家など合掌造り家屋25棟を保存・公開する野外博物館。4月中旬から10月下旬までは、そば打ちやわら細工などの田舎暮らし体験ができる。

荻町　▶MAP 付録 P.10 A-4

☎05769-6-1231 休無休（12〜3月は木曜、祝日の場合は前日）時8:40〜16:40（12〜2月は9:00〜15:40）料入館料600円　所白川村荻町2499　交白川郷バスターミナルから徒歩15分　Pなし

素朴なみやげ品を旅の思い出に

C こびき屋

こびきや

わら細工など昔ながらの民芸品や合掌造り家屋をかたどった小物、地元の銘菓、地酒といった白川郷らしいおみやげが充実。豆菓子や漬物などは、店から南へ100m先にある柿乃木店へ。

荻町　▶MAP 付録 P.10 B-4

☎05769-6-1261 休不定休 時9:00〜17:00（季節により変動あり）所白川村荻町286　交白川郷バスターミナルから徒歩3分　Pなし

名家の合掌造り家屋を見学

B 神田家

かんだけ

文政年間に和田家（▶P.73）より分家。焔硝（火薬）生産や養蚕業で栄え、床下には焔硝製造場が残されている。4階まで見学可能で、母屋だけでなく水神さまや稲架倉、唐臼小屋も見ておきたい。

荻町　▶MAP 付録 P.10 B-4

☎05769-6-1072 休水曜（祝日の場合は営業）時10:00〜16:00（時間外は要予約）料入館料400円　所白川村荻町796　交白川郷バスターミナルから徒歩7分　Pなし

75

天然水コーヒーや
郷土料理も

Cafe & Lunch

こだわりの空間とコーヒー、川魚料理とそば

のんびりほっこりひとやすみ&ごはん

白川郷には雰囲気のいい喫茶店や、郷土料理が味わえる料理店がいっぱい。
ぜいたくなひとときを過ごして、心と体にシアワセを!

Relax...

The Japanese folk dolls which bring good luck.

ここちいい空間とBGM…
コーヒーの幸せな香りに包まれて

コーヒーの香りに
ホッとする♥

1

コーヒー屋 鄙
コーヒーやひな

ひとやすみ

コーヒーは、鮮度にこだわった13種類の
豆を、注文を受けてからペーパードリップ
で淹れる本格派。BGMが緩やかに流れ、
コーヒーカップが整然と並ぶ美しい空間に
身を委ねて、くつろぎのひとときを。

荻町 ▶ MAP 付録 P.10 B-3

☎05769-6-1150 ㊡水・木曜
🕐10:00～16:30 📍白川村荻町1178 🚌白川
郷バスターミナルからすぐ Ｐなし

2

[Menu]
ガトーショコラ
¥450
鄙ブレンド
¥450

1. 席間をゆったり設けた店内は、マスターと
つかず離れずのいい距離感。国内外のコー
ヒーカップが絵になる 2. ケーキも手作り
3. 集落の北端にひっそりと建つ

湧き水で生かした川魚の雑味のないおいしさに感動！

[Menu]
ます園定食
¥2,420

ます園 文助
ますえんぶんすけ

 ごはん

集落から少し離れた山の中にある、川魚料理の専門店。良質の湧き水を引いた生け簀があり、活きのいいイワナやアマゴ、ニジマスなどが味わえる。鮮度の良さが際立つ刺身や、上品に炊かれた甘露煮がおすすめ。

荻町 ▶ MAP 付録 P.10 B-3
☎05769-6-1268 休不定休 ⏰9:00～20:00（～11:00、15:00～ は要予約） ♀白川村荻町1915 🚌白川郷バスターミナルから徒歩15分 Ｐ8台

1. 川魚の塩焼き、刺身や甘露煮など 2. 郷土料理「すったて」をアレンジした飛騨牛すったて鍋¥990（3日前までに要予約）は、甘露煮などが付くセット¥1,760も人気 3. 建物は生け簀で囲まれている

落人
おちうど

ひとやすみ

合掌造り家屋の喫茶で、天然水で淹れるコーヒーや、囲炉裏で炊くぜんざいが名物。店主夫婦がセレクトしたインテリアやカップ＆ソーサーはセンスが良く、温かいおもてなしもうれしい。

荻町 ▶ MAP 付録 P.10 B-4
☎05769-6-1603 休不定休 ⏰11:00～15:40 ♀白川村荻町792 🚌白川郷バスターミナルから徒歩8分 Ｐなし

天然水コーヒーや手作りぜんざいを囲炉裏を囲みながら

三角形の茅葺き屋根がカワイイ♪

[Menu]
ぜんざい
¥800

1. 囲炉裏のぬくもりに癒される 2. ぜんざいは囲炉裏で炊く。夏には冷やしぜんざいもOK

[Menu]
盛りそば
¥950

打ちたてのそばの鼻を抜ける香りがたまらない！

つるりとしたのどごしが特徴の二八そば

カウンター13席のみ

手打ちそば処 乃むら
てうちそばどころのむら

ごはん

「そばの新鮮な風味を楽しんでほしい」という思いから、前日に石臼で挽いた地元産そば粉に、白山山系の清水を加えて手打ち。その日に打ったものだけを提供する。できたてのそばは、香りが格別！

荻町 ▶ MAP 付録 P.10 B-4
☎05769-6-1508 休不定休 ⏰11:00～15:30（そばがなくなり次第閉店） ♀白川村荻町779 🚌白川郷バスターミナルから徒歩8分 Ｐなし

「落人」のぜんざいはおかわり自由で、各自で囲炉裏の鍋からよそうスタイル。

田舎の風情にほっこり…

World Heritage

世界遺産白川郷でのんびり♪
合掌造りの宿にお泊まり

世界遺産・白川郷では、合掌造りの宿に泊まることもできる！
山里のごちそうや心温まるもてなしを堪能しよう。

宿は、集落から少し離れた小高い丘の上にあります

Welcome!

☆ 大田屋

3 記念撮影に人気！

2 チェックインしたら、まずはお茶で一服

1 玄関で、伝統工芸のわらじ草履を発見

のどか〜♪

1.稲わらの草履はこの地方の伝統工芸　2 チェックインするとまず部屋へ。一服後、集落へ散策に出てもいい　3 和傘と大きなさるぼぼを抱えて記念撮影するのが定番　4 集落から少し離れた静かな場所にある

茅葺き屋根と縁側があり、田舎に帰省したかのような懐かしさが漂う。周辺に流れる小川のせせらぎものどか

この部屋に泊まるよ！

5.宿泊するのは、ふすま続きの畳部屋。窓の外には小川が流れる　6.色浴衣が用意されている

自給自足で暮らす合掌造りの宿に泊まる

合掌民宿 大田屋
がっしょうみんしゅくおおたや

囲炉裏やふすま続きの和室など、昔ながらの風情が懐かしい合掌造りの宿。料理には地元名物の飛騨牛や朴葉味噌のほか、自家栽培の野菜や米が登場する。女将による民謡や楽器演奏の披露など、温かなもてなしも魅力。

荻町　▶MAP付録 P.10 B-3

☎05769-6-1425　IN15:00　OUT9:30　室 和5　¥ 1泊2食付18,000円〜　♀白川村荻町1807　♥白川郷バスターミナルから徒歩5分　P 5台

78

地元の素材がたっぷり！山里のごちそう♡

飛騨牛の陶板焼きやイワナの塩焼き、季節の天ぷらなどが並ぶ

8

18時からは囲炉裏の空間で夕食をとります

ワイ
ワイ

合掌造りの歴史はね…

女将です

7

7. 女将が合掌造り家屋の歴史などを話してくれる
8. 自家栽培で減農薬につとめた米や野菜を使用
9. どぶろくを飲む機会も
10. 女将がこきりこを演奏

シャッ！

そして、楽しい夜は更けていく〜

10

♪♪

9

白川郷の湯の割引券がもらえるよ

宿から歩いて約5分のところにある「白川郷の湯」もおすすめ。希望すれば割引券をもらえる

温泉入浴割引券
大田屋 様

宿の風呂は、指定時間内に譲り合って入る（利用状況は要確認）

ちなみにシャワーは朝・夜OK。譲り合って利用しよう

毎朝、囲炉裏に火が入るよ

Good Morning!

翌朝、さわやかな光が朝を知らせてくれます

パチ
パチ

12

11

「また来てね！」

癒しの1泊2日が終了！お世話になりました！

7時30分からの朝食後、最後にゆるりとした宿の雰囲気を堪能。そして、あっという間にチェックアウトの時間に。

国際大会で特別優秀賞を獲得したお米「ゆうだい21」を提供

朝からガッツリ

13

11. 起床は6時頃 12. 朝食も囲炉裏の空間でとる 13. 朴葉味噌や味噌汁、小鉢、ポテトサラダなどボリューム満点

&MORE

こちらもおすすめ！合掌造りの宿

合掌乃宿 孫右ヱ門
がっしょうのやどまごえもん

江戸時代後期に建てられた家屋。庄川沿いに建つ風情ある合掌造りで、丹精込めて作る郷土料理が味わえる。

荻町 ▶MAP 付録 P.10 A-4

☎05769-6-1167 IN15:00／OUT10:00 ■和3 ¥1泊2食付25,300円〜 ♀白川村荻町360 ♨白川郷バスターミナルから徒歩10分 Ｐ3台

十右ヱ門
じゅうえもん

荻町の一番奥に建っているので、ゆったり静かな時間を過ごせる。飛騨牛陶板焼きなどの料理も評判。

荻町 ▶MAP 付録 P.10 B-2

☎05769-6-1053 IN15:00／OUT10:00 ■和3 ¥1泊2食付17,000円〜（10〜4月は別途暖房費500円） ♀白川村荻町2653 ♨白川郷バスターミナルから徒歩15分 Ｐ10台

Experience

合掌造りの宿

約170年の歴史を誇る大田屋の合掌造り。集落のなかでもっとも古いものは築300年を超えている。

足をのばしてもうひとつの世界遺産へ

五箇山を散策しよう
独自の文化が息づくのどかな場所

白川郷と同時に世界遺産に登録された2つの合掌造り集落が現存する五箇山。素朴な風景に会いに行こう!

懐かしさを感じられる山里風景には平家の落人伝説が残る B

和紙でできたかわいらしい「白玉姫」はおみやげにピッタリ! A

「おえ」と呼ばれる居間では、昔ながらの囲炉裏に火が灯る A

築約100〜350年の合掌造り家屋が建ち並ぶ集落を散策 A

夏の風情ある景色。豊かな清水でキンキンに冷やされる飲み物

一点ずつ模様が異なる、和紙の手作りカードケース1個¥2,090 D

冬になると深い雪に覆われる地域。雪化粧の集落もまた美しい A

素朴な大豆のうまみを感じる伝統の五箇山豆腐は固さも特徴 C

C 喜平商店
きへいしょうてん

 南砺 ▶ MAP 付録 P.10 B-1

☎0763-66-2234 休不定休 ⏰7:00〜20:00
📍富山県南砺市上梨608 🚗東海北陸自動車道五箇山ICから車で10分 🅿6台

D 五箇山和紙の里
ごかやまわしのさと

 南砺 ▶ MAP 付録 P.2 A-1

☎0763-66-2223 休無休 ⏰9:00〜17:00
（体験受付は〜15:00）¥和紙漉き体験800円〜 📍富山県南砺市東中江215 🚗東海北陸自動車道五箇山ICから車で20分 🅿70台

B 菅沼合掌造り集落
すがぬまがっしょうづくりしゅうらく

のどかな庄川の河畔にある小さな集落。ありのままの自然に抱かれた9棟の合掌造り家屋は、あまり観光地化されていないのが魅力。

南砺 ▶ MAP 付録 P.10 B-1

☎0763-67-3008（菅沼世界遺産保存組合）⏰8:00〜17:00、時期により異なる 📍富山県南砺市菅沼 🚗東海北陸自動車道五箇山ICから車で2分 🅿28台（菅沼展望広場駐車場 保存協力金1回500円）

A 相倉合掌造り集落
あいのくらがっしょうづくりしゅうらく

田畑や石垣、雪崩を防ぐ雪持林などの景観に囲まれ、20棟の合掌造り家屋が現存。民宿や資料館、みやげ物店も。

南砺 ▶ MAP 付録 P.10 B-1

☎0763-66-2123（相倉合掌造り集落保存財団）、0763-66-2468（五箇山総合案内所）⏰8:30〜17:00 📍富山県南砺市相倉 🚗東海北陸自動車道五箇山ICから車で15分 🅿100台（相倉駐車場 保存協力金1回500円）

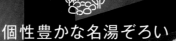

個性豊かな名湯ぞろい

Okuhida Onsengo

自然豊かな山あいに5つの
温泉地が点在。ステキな宿を
拠点に名湯をめぐれば、ココ
ロもカラダもリフレッシュ♪

Precious refresh time!

いろりの宿 かつら木の郷　いろりのやどかつらぎのさと

爽快ロケーションの温泉でリフレッシュ

絶景露天風呂で体も心もOFF

露天風呂天国といわれる奥飛騨温泉郷のなかでも、景観抜群なお風呂を厳選。
北アルプスの大自然に抱かれて、湯あみを楽しもう♪

ONSEN
槍ヶ岳が正面にそび
える離れの露天風呂。
混浴風呂、女性専用、
貸切の3種類がある。

WOW! ALPS!

奥飛騨の壮大な自然と
かけ流しの温泉に
ゆったりと包まれて

奥飛騨温泉郷には
絶景露天風呂が
いっぱい！！

ケーブルカーでGO!

DINNER
飛騨牛料理指定店。
「飛騨牛会席膳」な
ど季節感あふれる
奥飛騨料理が自慢。

GUEST ROOM
北アルプスの眺望
が楽しめる和室をは
じめ、客室は和洋
の全5タイプがある。

NICE♡

離れの温泉へはケー
ブルカーか階段で

穂高荘 山のホテル
ほたかそうやまのホテル

北アルプスの景観美に包まれる山岳リゾートホ
テル。専用ケーブルカーで上った先、蒲田川岸
に広がるのは300坪もの広い混浴露天風呂！ こ
こや貸切風呂などで自家源泉かけ流しの温泉が
楽しめる。夜は、旬の食材を盛り込んだ奥飛騨
料理でおなかまで大満足に。

新穂高 ▶MAP 付録 P.11 B-1

☎0578-89-2004 IN15:00／OUT10:00 🛏洋50、和36
¥1泊2食付15,270円〜 ♀高山市奥飛騨温泉郷神坂577-
13 🚌濃飛バス山のホテル前バス停からすぐ Ｐ88台

森に囲まれた名湯で
パワーをチャージ

ONSEN

原生林の中に男湯7、女湯9がある。新緑や紅葉、雪景色など季節で景観が変化。

貸し切りの露天風呂でも壮大な景色が!

時間制の貸切露天風呂。チェックイン時に申し込みができる

お風呂はすべて源泉かけ流し

1

ひらゆの森 [日帰りOK]
ひらゆのもり

温泉浴、さらには森林浴まで楽しめるのがこちら。1万5,000坪もの広大な敷地に16の野趣あふれる露天風呂が点在する。本館や離れコテージなどでの宿泊時はもちろん、日帰りでも温泉を利用できる。湯上りには自然豊かな食事処でほっとひと息つくのもおすすめ。

[平湯] ▶MAP 付録 P.11 B-4

☎0578-89-3338 IN15:00 OUT10:00 室和19、洋10 休無休(4・9・12月にメンテナンス休業あり。要問合せ) ¥1泊2食付9,500円〜 ◎高山市奥飛騨温泉郷平湯763-1 ♨濃飛バス平湯温泉バスターミナルから徒歩3分 P100台

[日帰り入浴DATA]
休上記に同じ ♨10:00〜20:30 ¥700円

1.温度や濁り方がそれぞれ異なる湯舟をめぐって楽しめる 2.洗髪などは大浴場で 3.檜風呂、岩風呂などお風呂の形状もバラエティ豊か

ジューシーな飛騨牛料理も!

CUISINE
奥飛騨郷料理をはじめメニュー豊富な「食事処 もみの木」は日帰り入浴客も利用OK。

約300坪の混浴露天風呂。女性には湯浴み着(バスタオル)の貸出あり

もっと**ワイルド**な露天風呂にチャレンジ！

WILD!!

清流、蒲田川の隣で豪快に湯あみを

新穂高の湯 [日帰りOK]
しんほたかのゆ

奥飛騨のなかでも最奥、蒲田川の河原にある共同露天風呂。蒲田川のせせらぎを聞き、山々に囲まれながら、開放感たっぷりの湯あみが楽しめる。男女混浴なので、水着やバスタオルを使って入浴を。

[新穂高] ▶MAP 付録 P.11 B-1

☎0578-89-2458(奥飛騨温泉郷観光案内所) 休10月31日〜4月下旬(営業期間中無休、河川増水時休業あり) ♨8:00〜18:00 ¥清掃協力金(300円程度) ◎高山市奥飛騨温泉郷新穂高温泉 ♨濃飛バス中尾高原口バス停からすぐ P10台

天然の巨岩でできているダイナミックな温泉場。飲食物の持ち込みや石けんの使用は不可

Relax Stay

日常を忘れられる、静かな名宿へ
奥飛騨での〜んびり♡おこもりステイ

奥飛騨情緒あふれる空間と、プライベートな空間を満喫できる宿2軒をご紹介。
料理や温泉も極上だから、「おこもり」するのにぴったりです。

DINNER
夕食は飛騨牛を使った奥飛騨山里料理。囲炉裏お食事処の個室でゆっくりと味わえる。

おこもりPoint
全客室が離れなので"自分たちだけの時間"を満喫できる。夕食も食事処の個室で♪

Guest Room

離れの囲炉裏でほっこり 心までポカポカしてくるね

ONSEN
敷地内の源泉から引く湯がお風呂にたっぷり満たされる。無料の貸切風呂も利用可能。

1. 古民家一軒家風の客室もある　2. 食事処の囲炉裏料理も好評　3. 母屋は築約150年の豪農屋敷。ロビーでは焚き木のまわりで薬草茶を　4. 無料の貸切風呂

Feel Easy!

夏はテラスも

書斎で読書

情緒ただよう母屋と、すべて離れの客室
いろりの宿 かつら木の郷
いろりのやどかつらぎのさと

自然豊かな約4,000坪もの敷地内に、静かにたたずむ宿。客室はすべて離れ形式で、「専用露天風呂付き」、「2階建てタイプ」など5種類がある。自家源泉から引く湯や、見目麗しい山里創作料理にも癒される!

福地 ▶MAP 付録 P.11 A-3
☎0578-89-1001 IN15:00 OUT11:00 ■離れ家形式10
¥1泊2食付23,500円〜 ♀高山市奥飛騨温泉郷福地10 ■濃飛バス福地温泉バス停から徒歩3分(福地温泉ロバス停から送迎あり、要確認) ■15台

書斎やテラス、ロビーなど、母屋にものんびりタイムを過ごせる空間がいっぱい

夏はテラスでコーヒーを!

テラスでは森の澄んだ空気を吸って深呼吸を。飛騨家具でくつろげるロビーも人気

飛騨家具でゆったり

テラスで森林浴

ONSEN
200m先にある自家源泉「山の湯」を100%かけ流し。炭酸水素塩泉でお肌ツルツルに。

1. 星空が眺められる共用露天風呂 2. 全客室にウッドデッキ付き露天風呂が。森林浴を満喫して 3. 原生林に溶け込むように設計された宿 4. 客室からの景色も美しい

おこもりPoint
20歳以上の大人だけが利用できる静かな宿。客室の露天風呂で温泉はゆっくり何度でも!

やさしい森に包まれて
心ほどけるような温泉旅

Green! Green!

神秘的な森に心洗われる、大人の宿

もずも

自然との調和をコンセプトにした、全10室の静かな宿。エントランスからロビー、自家源泉の湯を満たした露天風呂付き客室にいたるまで、森の癒しをたっぷり受けられる。飛騨牛を盛り込んだ郷土会席も魅力的。

Guest Room

夕食の一例。A5等級の飛騨牛をはじめ、厳選した食材を使用

平湯 **MAP** 付録 P.11 B-4
☎0578-89-2020 **IN**15:00 / **OUT**10:00 🛏和10 💰1泊2食付33,150円〜 🏠高山市奥飛騨温泉郷平湯579-1 🚌濃飛バス平湯温泉バスターミナルから徒歩8分(平湯温泉バスターミナルから送迎可、要予約) 🅿10台

DINNER
飛騨牛や季節の食材を盛り込んだ郷土会席料理。部屋食か食事処かは客室により異なる。

おこもりステイ

「もずも」の名前は、神々が出雲との往還の際、旅の疲れを癒した清流「毛受母川」に由来するのだとか。

Favorite Inn

自分好みの宿で大満足の休息を

こだわりが光る宿セレクション

地元食材を生かした自慢の料理、天然木を生かした客室、多彩なお風呂など
個性豊かなこだわり宿から、ポイントをおさえて好みの宿をチョイス!

ココがこだわり!
オープンキッチンスタイルの食事を奥飛騨の宿で初導入。できたての料理が味わえる。

Waku Waku...

奥飛騨初のおもてなしで思い出づくり♪

①

1. オープンキッチンではできたてアツアツの料理が出される。スタッフとの会話も楽しい　2. 暖炉のあるロビーは憩いの場
3. 料理は和洋が融合した華やかな雰囲気

Dinner

③

②

Guest Room

客室は9部屋のみ。どの部屋からも北アルプスの雄大な景色が眺められる

野の花山荘
ののはなさんそう

自然豊かな12,000坪もの敷地にたたずむ宿。ジャズが流れるオープンキッチンでの食事や、暖炉のあるロビーなど、遊び心のあるもてなしが受けられる。露天風呂では自家源泉の温泉でリフレッシュ。

自然に囲まれた癒しの空間♪

⑤

Onsen

Good! View
★★

新穂高 ▶ **MAP** 付録 P.11 B-1
☎0578-89-0030　IN 15:00 / OUT 10:00
客和9　¥1泊2食付15,270円～　♨高山市奥飛騨温泉郷神坂707-316　🚌濃飛バス中尾高原ロバス停から徒歩20分（中尾高原ロバス停から送迎あり、要確認）　P 15台

4. 錫杖岳を間近に望む男女別露天風呂。無料の貸切野天風呂も利用できる　5. 中部山岳国立公園内に建つ宿

④

ユニークなサービスが充実

奥飛騨ガーデン
ホテル焼岳
おくひだガーデンホテルやけだけ ①

9種の風呂をめぐれる温泉をはじめ、趣向を凝らした施設がたくさん。食事どきには、同館で養殖したすっぽんやキャビアなどの別注料理も味わえる。夕食後には「カラオケ列車」で二次会もおすすめ。

新平湯 ▶ **MAP** 付録 P.11 A-3

☎0578-89-2811 **IN**15:00／**OUT**10:00 ☎和68、洋17 ¥1泊2食付17,600円～ ♀高山市奥飛騨温泉郷一重ヶ根2498-1 ♨濃飛バス奥飛騨ガーデンホテル焼岳バス停からすぐ ℗50台

ココがこだわり!!
混浴や源泉かけ流し、巨石の洞窟風など、多彩なお風呂がスタンバイ。

Onsen

夜はカラオケ列車で

Good Location ②

③

1. 夕食は温泉せいろ蒸しなど、素朴な郷土料理 2. 自然豊かな露天風呂「うぐいすの湯」 3. 現役で活躍した車両を使ったカラオケ列車

ココがこだわり!!
地元の銘木や珪藻土など天然素材を使った客室。温かみがある雰囲気。

Fuka

Guest Room

Fuka ②

1. 北アルプス一望の大浴場露天風呂 2. 客室は飛騨の民家のような大胆な木組みが印象的 3. 飛騨牛炭火炙りを中心にした和会席

飛騨の風情があふれる温泉宿

匠の宿
深山桜庵
たくみのやどみやまおうあん

③

Dinner

空間から料理、温泉、ロケーションまで、飛騨らしさがいっぱい。温泉は3つの源泉を湯あみして楽しめる。湯上りのドリンクサービスや夜泣きそばなど無料のおもてなしも充実している。

平湯 ▶ **MAP** 付録 P.11 B-4

☎0578-89-2799 **IN**15:00／**OUT**11:00 ☎和洋61、洋3、その他8 ¥1泊2食付23,000円～ ♀高山市奥飛騨温泉郷平湯229 ♨濃飛バス平湯温泉バスターミナルから徒歩7分(平湯温泉バスターミナルから送迎可、条件あり) ℗60台

奥飛騨流のオーベルジュ

料理旅館
奥飛騨山草庵 饗家
りょうりりょかんおくひださんそうあんきょうや

1日5組限定の和のオーベルジュ。飛騨牛をメインに、奥飛騨の季節の恵みを自由な発想でアレンジした新・奥飛騨懐石が味わえる。貸切風呂の温泉でもゆったり休もう。

新平湯 ▶ **MAP** 付録 P.11 A-2

☎0578-89-2517 **IN**15:00／**OUT**10:30 ☎和4、和洋1 ¥1泊2食付23,100円～ ♀高山市奥飛騨温泉郷一重ヶ根212-84 ♨濃飛バス禅通寺前バス停から徒歩5分 ℗10台

ココがこだわり!!
地元の食材をアレンジした新・奥飛騨懐石。手間ひまのかかった逸品ぞろい。

地元作家の食器

Dinner

①

② ③

Onsen

Guest Room

1. 食事は別棟の古民家、山草庵の個室でゆっくりと 2. 貸切露天風呂は4種類。無料で何度でも利用できる 3. 古民家の風情がただよう客室。全5部屋はそれぞれ趣が異なる

Healing

宿セレクション

87 「奥飛騨ガーデンホテル焼岳」では愛犬と一緒の旅行も可能。わんちゃん専用露天風呂もあり♪

Ropeway

ロープウェイに乗って絶景と出会いたい

ほんの12分で天空の世界へGO!!

春夏秋冬それぞれ魅力的な北アルプスの景色を目指して出発しよう。
なかでも標高2,000mを超える、山頂駅から望む絶景は感動もの!!

1階も2階も
抜群の景色が
見えるよ!!

北アルプスの美しい景色のなかを空中散歩♪

新穂高ロープウェイ
しんほたかロープウェイ

日本唯一の2階建てゴンドラに乗って、北アルプスの雄大な景色を楽しめる。季節によって異なる自然美を堪能できるのも魅力だ。ほかに足湯やグルメ、オリジナルのおみやげなどにも注目! 美しい星空が見られる、期間限定の星空観賞便もチェックしたい。

新穂高 MAP 付録 P.11 B-1

℡0578-89-2252　休無休(点検のため臨時休業あり)　営8:30〜16:00(季節により変動あり)　¥往復3,300円　♥高山市奥飛騨温泉郷新穂高温泉　旅濃飛バス新穂高ロープウェイバス停からすぐ　P新穂高温泉駐車場164台(6時間600円)、鍋平高原駐車場555台(1日600円)

📍**2156m**

ロープウェイの山頂駅 **西穂高口駅**

木のハガキ
¥390

新穂高山頂駅 2156m Message

頂上から手紙が出せるよ

郵便 POST 日本郵便

通年集荷可能なポストとしては日本最高所にある山びこポスト。数種類のオリジナルハガキが販売されているので、手紙も出せちゃう!

見晴らし抜群
360°の大パノラマ!

Good view!

天気がいい日は、夕景と雲海のエモーショナルな景色に出会えることも

夕日も❤

山頂駅の屋上が展望台となっており、西穂高岳や槍ヶ岳、笠ヶ岳などの山々がぐるりと見渡せる

「頂の森(いただき)」で大自然をさらに満喫!

北アルプスの山々の絶景を存分に楽しめるスポット。「頂の森」にちなんだグルメやスイーツなどにも注目を!

槍・穂高連峰を望めるデッキ「槍の回廊」

ロープウェイの発着や白山方面が眺められる「森のカウンター」

頂ラーメン
¥1,600

雲海ココア
¥610

📍**1308m**

見どころ満載の中間地点 **鍋平高原駅&しらかば平駅**

ビューラウンジ
しらかば平駅のビューラウンジでは、ソファに座ったり、テイクアウトグルメを食べたりしながらのんびり過ごせる。

あんこクロワッサン
¥306

クロワッサン
¥204

Saku!
Saku!

アルプスのパン屋さん
しらかば平駅構内にあり、焼きたてパンが味わえる店。サクサク食感のクロワッサンが人気。コーヒーなどドリンクの販売も。

鍋平高原(なべひら)
自然を満喫できるスポットがいっぱい。全長2.3kmの自然散策路は、癒しと体験の空間が広がり、ハイキングにも人気。

📍**1117m**

出発の駅はココ! **新穂高温泉駅**

第1ロープウェイの出発駅。みやげ屋や食事処などの施設がそろう

喫茶 笠ヶ岳の
バニラブルーベリー
ミックスソフト
¥440

ブルーベリーの甘酸っぱさとバニラがよく合う

この2駅間は歩いてすぐ!

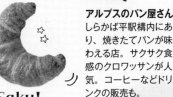

Ropeway MAP
第1ロープウェイは毎時00分、30分発。2階建てゴンドラの第2ロープウェイは毎時15分、45分発となる

Norikura Rising Sun

日本の道路の最高地点！

乗鞍畳平でご来光ウォッチング
絶景が広がるお花畑も楽しめる

バスで行くことのできる日本最高所、2702mにある乗鞍畳平。7月から9月には、ご来光専用の早朝シャトルバスが運行しており、平湯温泉、ほおのき平から景観の美しい乗鞍スカイラインを経由して、およそ1時間。雲海や山並みから昇る神秘的なご来光を拝みに行こう！日の出後も、美しい高山植物の花畑や北アルプスが一望できる富士見岳など、大自然が満喫できる。

標高2,700m超の雲海に浮かぶご来光を

ご来光おすすめスポットは、バス停から山頂まで20分ほどの「大黒岳」。雲海からのご来光はまさに絶景！

乗鞍バスターミナル
ヨーロッパの山小屋のような建物。2階レストランからの眺望も必見

バスで1時間！

START & GOAL

平湯温泉バスターミナル
乗鞍や上高地の玄関口。食事処やみやげ店もあるので、旅の起点に！

ご来光のあとはハイキング

お花畑
畳平から徒歩1分！咲き誇る高山植物を木道の散策路から楽しんで

GOOD VIEW

帰りは平湯温泉へ♪

クロユリ　ハクサンイチゲ
カラフルな高山植物
ミヤマキンポウゲ

乗鞍畳平
富士見岳山頂からは、北アルプスや畳平一帯が一望できる。頂上付近は岩が多いので注意して登ろう

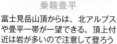

乗鞍へのアクセス

美しい自然環境を保護するため、マイカー規制を行なう乗鞍岳。無料駐車場のあるほおのき平や奥飛騨温泉郷の平湯温泉から、バスやタクシーに乗り換えて山頂の畳平へと向かおう。

MAP 付録 P.3 C-2

問合せ先
乗鞍自然環境案内所：090-8671-3191
濃飛バス高山営業所：0577-32-1160

バス料金
平湯温泉・ほおのき平→乗鞍山頂(畳平)
往復 ￥3,400

駐車場
ほおのき平駐車場 1,500台(無料)

※乗鞍スカイラインは2024年3月時点で通行止めのため、濃飛バス乗鞍線については通行止めが解除次第、運行再開予定。

高山から列車で15分、
クルマで30分

飛騨古川 » P.92
HIDA FURUKAWA

せっかくだから
ひと足のばして行ってみない?

Takayama+

高山からおでかけ

高山からひと足のばしてみれば、
まだまだ素敵なエリアがあります。
せっかくだからよくばりに旅してみよう!

高山から
クルマで1時間5分

下呂温泉 » P.94
GERO ONSEN

高山から
クルマで1時間15分

郡上八幡 » P.96
GUJO HACHIMAN

✦ Beautiful

Takayama &more 01

趣ある高山の奥座敷

飛騨古川の古い町並みさんぽ

伝統的な建築様式を取り入れた建物が並び、その美しい景観が魅力。
城下町の面影を残す、情緒あふれる町並みを散策しよう!

⒈荒城川に架かる今宮橋 ⒉大工の誇りを示す装飾"雲"は、町家の軒下に見られる

瀬戸川には約1,000匹の色鮮やかなコイが泳いでいる

風情あふれる景観を楽しむ

SCENERY ## 瀬戸川と白壁土蔵街 Ⓐ
せとがわとしらかべどぞうがい

約500m続く飛騨古川のシンボルともいえる散歩道。城下町
の名残である碁盤のような町割りに、古い町家や白壁の土蔵
が建ち並ぶ姿は趣がある。建物のたもとに流れる瀬戸川は、
武家屋敷と商人町を隔てるために整備されたとされ、「全国
疏水100選」、「岐阜の名水50選」にも選ばれる清流。

飛騨古川 ▶ MAP 付録 P.12 A-1
☎0577-73-2111(飛騨市まちづくり観光課) 💴飛騨市古川町壱之町
ほか🔓見学自由 🚃JR飛騨古川駅からすぐ 🅿79台(飛騨市役所前駐車場)

熟練の腕が光る伝統工芸品

TRADITION ## 三嶋和蝋燭店 Ⓑ
みしまわろうそくてん

江戸時代から続く日本でも数少ない和ろうそ
く店。植物性の原料のみで作られているため、
火が消えにくいという優れもの。店内では和
ろうそく作りの作業を見学することもできる。

飛騨古川 ▶ MAP 付録 P.12 A-1
☎0577-73-4109 🈺水曜、臨時休あり 🕘9:30
〜17:00 💴飛騨市古川町壱之町3-12 🚃JR飛騨
古川駅から徒歩5分 🅿なし

⒈店内で販売する和ろうそくは1本¥180〜
⒉7代目当主。江戸時代から受け継がれた匠の技が光る

📜 散策MAP

“おいしく食べられる薬草料理”をゆっくりいただく

蕪水亭OHAKO C
ぶすいていオハコ

地元食材を使った料理が充実したカフェ。飛騨で採れた薬草が堪能できるランチプレートが魅力。ほかにも、飛騨産のそば粉を使用した手打ちそばが楽しめる。

飛騨古川 **MAP** 付録 P.12 A-1
☎0577-73-0048 圏不定休 ⏰11:00～15:30 📍飛騨市古川町壱之町3-22 🚃JR飛騨古川駅から徒歩5分 🅿約11台

1 体にやさしい薬草ランチプレート¥1,080 2 ピーベリー豆のコーヒー¥400と飛騨の薬草・メナモミのシフォンケーキ¥350 3 レトロな外観が目印

ものづくりが楽しめる新しい形のカフェ

FabCafe Hida D
ファブカフェヒダ

デジタルマシンと飛騨の木を使ったものづくりがおみやげに好評。カフェでは香木のクロモジを焙煎したコーヒーや、飛騨の牛乳を使用したカヌレなど地元食材を生かしたメニューが満載。

飛騨古川 **MAP** 付録 P.12 A-1 ©R
☎0577-57-7686 圏水曜 ⏰10:00～16:00 📍飛騨市古川町元之町6-17 🚃JR飛騨古川駅から徒歩8分 🅿なし

1 築100年以上になる古民家を改装した店 2 自分でデザインしたイラストを使って作成する広葉樹スタンプ作り¥2,750 3 飛騨の広葉樹で箸作り体験¥3,300

/ PICK UP /

恋が叶う!? 縁結びのおまいり♥

飛騨古川三寺まいり

瀬戸川沿いの千本ろうそくに火が灯り、幻想的な景色が広がる

円光寺、真宗寺、本光寺を参拝する伝統行事。明治時代にこの行事が若い男女が知り合うきっかけとされていたため、縁結びが叶うといわれており、現在も多数の参加者がいる。

飛騨古川 **MAP** 付録 P.12 B-2
開催日📅毎年1月15日 ☎0577-74-1192(飛騨市観光協会) 📍飛騨市古川町市街地 🚃JR飛騨古川駅から徒歩5分 🅿324台(飛騨市役所前駐車場または若宮駐車場)

飛騨の牛乳を堪能できる自慢の乳製品がずらり

牧成舎 E
ぼくせいしゃ

自社牧場で作られた新鮮な牛乳や乳製品を取り扱う。豊富なラインナップが魅力で、お取り寄せグルメとして人気のモッツァレラチーズも評判!

飛騨古川 **MAP** 付録 P.12 B-2
☎0577-73-2226 圏日曜 ⏰9:00～17:00 📍飛騨市古川町増島町17-8 🚃JR飛騨古川駅から徒歩8分 🅿なし

ジャージーピュア
ソフトクリーム
¥410
やさしい甘さのイートイン限定商品

チーズの
わさびしょうゆ漬け
¥745
わさびのさわやかな辛みがクセになる

毎年1月15日は飛騨古川まつり広場で門前市が開催され、イワナの塩焼きや五平餅など多彩なグルメが登場する。

Takayama &more **02**

日本三名泉のひとつ

美人の湯でしっとりステイ

日本三名泉のひとつで、"美人の湯"とも称される下呂温泉。
女子力アップの湯めぐりや、旅情あふれる温泉街の散策を楽しもう。

POKA

自然美を感じながら過ごす
大人のための癒し時間

ウッドデッキで
夕涼み〜♪

1

1.大浴場にある庭園露天風呂。木々の緑や岩、備長炭などが癒しのひとときを演出
2.スイートルームの「糸遊」
3.旬の食材をふんだんに用いた季節会席「匠」
4.女性は好みの色浴衣で過ごすことができる

選べる
色浴衣

緑に囲まれた隠れ宿で
湯上がりスベスベ肌に！

こころをなでる静寂
みやこ

こころをなでるせいじゃくみやこ

庭園露天風呂をはじめ、豊かな自然に囲まれた静寂のなか、四季の移ろいを感じられる宿。全16室の客室は、シックな雰囲気の和洋室や、意匠を凝らした露天風呂付き離れなどそれぞれに趣が異なり、非日常の時間を過ごせる。

下呂 ▶ MAP 付録 P.2 B-4

☎0576-25-3181 IN15:00 ／ OUT10:00
🛏和8、洋8 ￥1泊2食付 25,300円〜
📍下呂市森2505 🚃JR下呂駅から徒歩20分（下呂駅から送迎あり、要予約） 🅿18台

下呂の文化が薫る歴史的建築物に泊まる

湯之島館
ゆのしまかん

昭和6(1931)年創業、昭和天皇が宿泊したことでも知られる由緒ある老舗の温泉旅館。約5万坪の広さを誇る庭園にたたずみ、下呂温泉の街並み越しに雄大な飛騨の山々を望む展望露天風呂などが、心の緊張を解きほぐしてくれる。

下呂 ▶MAP 付録 P.13 B-3

📞0576-25-4126 IN15:00／OUT11:00
🛏和39、和洋1 ￥1泊2食付 29,700円〜
📍下呂市湯之島645 🚃JR下呂駅から徒歩20分(下呂駅から送迎あり、要予約) 🅿30台

野趣あふれる展望露天風呂 BEAUTIFUL

1.展望露天風呂「飛山之湯」 2.玄関、渡り廊下、木造3階建ての本館は国の有形文化財にも登録されている

飛騨川沿いの温泉リゾート

1.巨岩と樹木に囲まれた野天風呂「龍神の湯」の男湯 2.四季折々の表情をみせる日本庭園の散策は湯上りにうってつけ

♨日帰り入浴DATA
🕙11:00〜14:00(湯めぐり手形の利用は平日12:00〜14:00、土日祝は13:00〜) ￥1,500円
※野天風呂か展望大浴場のどちらか1回の利用料金

趣の異なる大浴場で湯あみを楽しむ

水明館
すいめいかん

日帰りOK

山水閣、飛泉閣、臨川閣の各館に大浴場があり、野天風呂や展望大浴場など趣の異なる浴場で下呂の湯を満喫できる。飛騨の食材のうまみを生かした中華料理や郷土料理を味わえる料理茶屋、欧風レストランなど多彩な食事処がそろう。

下呂 ▶MAP 付録 P.13 B-4

📞0570-07-2800 IN14:00／OUT11:00
🛏和141、和洋97、洋26 ￥1泊2食付 19,950円〜 📍下呂市幸田1268 🚃JR下呂駅から徒歩3分 🅿200台

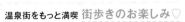
POKA

╲ PICK UP ╱
温泉街をもっと満喫 街歩きのお楽しみ♡

話題の"素肌美人スイーツ"

下呂温泉のシェフやパティシエ、人気店が趣向を凝らした新感覚スイーツ。温泉街の店や宿でチェックしてみよう。

ジミソースの温玉ソフト ￥500(ゆあみ屋)

甘酒シェイク ￥432(水明館)

足湯
ひんやりスイーツを片手に、足湯につかって足元ぽかぽか

おみやげ

シャリシャリ食感の寒天を使った干菓子がカラフルでかわいい。GERO琥珀￥780

下呂温泉 足湯の里 ゆあみ屋
げろおんせんあしゆのさとゆあみや

営業時間中は無料で利用できる足湯を併設したみやげ店。名物の温玉ソフト￥470など、街歩きのブレイクタイムに最適なスイーツやドリンクも充実している。

下呂 ▶MAP 付録 P.13 B-3

📞非公開 📅不定休
🕙9:30〜18:00(変動あり)
📍下呂市湯之島801-2
🚃JR下呂駅から徒歩7分 🅿なし

加盟旅館や施設のうち、3軒を選んで日帰り入浴できるパスポート、湯名人 湯めぐり手形1枚￥1,300もおすすめ。

郡上八幡特有の
水利用システム

Takayama
&more___03

清らかな名水に癒される
風情ある水の都を散策

城下町であり、名水の町としても知られる郡上八幡。
名水スポットと地元の魅力を伝えるショップに注目したい。

やなか水のこみち やなかみずのこみち Ⓐ

玉石を敷き詰めて水の流れを表現した
石畳と水路、風に揺れる柳は趣がある。

群上八幡 ▶MAP 付録 P.12 B-3
☎0575-67-0002(郡上八幡観光協会) ♦郡上
市八幡町新町～稲荷町 ➡郡上八幡駅から徒歩
20分 Ⓟ市街地各所駐車場を利用

Ⓑ

Ⓒ

のんびり歩きたい静かなこみち
せせらぎと緑に癒される♪

Ⓐ

点在する名水スポット!
町の中心を流れる吉田川をはじめ、
清流の恵みを感じられる名水スポ
ットが多い。水の音や清涼感ある
眺めを味わいながら散策しよう。

郡上ならではのスイーツを楽しむ
中庄菓子店 Ⓑ Ⓒ
なかしょうかしてん

三代続く和洋菓子店。郡上の天然
水で作るゼリーが人気だ。郡上の
鮎や郡上八幡城をかたどったスイ
ーツなど、郡上ならではのものが
充実しているのがうれしい。

群上八幡 ▶MAP 付録 P.12 B-3
☎0575-65-2433 休水曜
⏰9:30～18:00 ♦郡上市八幡町島谷
541 ➡郡上八幡駅から徒歩21分
Ⓟなし

いがわこみち
澄んだ流れの中に
コイが見える

城下町MAP

小駄良川

高山

郡上八幡城

宗祇水

Ⓟ本町
中庄菓子店

いがわこみち
吉田川

吉田川
親水遊歩道

Ⓟ新町

郡上八幡郵便局

Takara
Gallery
workroom

郡
上
八
幡
駅

郡上木履

やなか水のこみち

宗祇水
日本名水百選のひとつ、
ここが第一号!

カフェ・町家さいとう

雲海が美しい名城!!

郡上八幡城 （ぐじょうはちまんじょう）

天守は日本最古の木造再建城。紅葉が彩る秋の景色や、雲海（朝霧）に浮かぶ姿の美しさが注目を集めている。

郡上八幡 ▶ **MAP** 付録 P.12 B-3
☎0575-67-1819（郡上八幡産業振興公社）休12月20日〜1月10日 ⏰9：00〜16：45（季節により変動あり）💰400円（郡上八幡博覧館共通券では750円）📍郡上市八幡町柳町一の平 🚗東海北陸自動車道郡上八幡ICから車で13分 🅿25台

A.古い町家と相まって風流なたたずまい B.黒みつか白みつをかけて食べる清流のしずく4個入￥880。4月下旬〜9月末の限定販売 C.郡上八幡サブレ1個￥150。季節によってココア・抹茶などの味が登場 D.職人が足に合わせて鼻緒をすげる E.F.リバティの花柄などカラフルな鼻緒も多い。女性用下駄各￥4,500 G.手ぬぐいプリント体験￥1,000〜、トートバッグプリント体験￥1,300〜 H.季節ごとに変わる柄 I.体験スペース J.抹茶￥600。名水で点てたものをいただく K.6〜9月限定の氷ぜんざい￥600は、プラス￥100でアイスのトッピングも可能

Cute pattern

♪ KARA

♪ KORO ♫

重要文化財の町家でひとやすみ

カフェ・町家さいとう J K

カフェまちやさいとう

郡上市の重要文化財に指定された齋藤美術館の母屋を利用した、町家造りのカフェ。座敷には靴を脱いで上がり、中庭を眺めながら落ち着いた時間を過ごすことができる。

郡上八幡 ▶ **MAP** 付録 P.12 B-3
☎0575-65-3539 休月〜金曜、祝日、1〜2月 ⏰12：00〜16：00 📍郡上市八幡町新町927 🚉郡上八幡駅から徒歩18分 🅿なし

オンリーワンの手ぬぐいを作ろう

Takara Gallery workroom G H I

タカラギャラリーワークルーム

郡上おどりに欠かせない手ぬぐいを、郡上の地場産業であるシルクスクリーン印刷で手作りできる。豊富な柄と色を組み合わせオリジナルの1枚に。

郡上八幡 ▶ **MAP** 付録 P.12 B-3
☎0575-67-9707 休火・水曜、そのほか臨時休業あり ⏰10：00〜17：00（要予約）📍郡上市八幡町島谷470-28 🚉郡上八幡駅から徒歩20分 🅿なし

目移りしそう♪ 100種類以上の鼻緒

郡上木履 D E F

ぐじょうもくり

下駄の台の製作から、種類豊富な鼻緒のセレクトまで手がける専門店。郡上産のヒノキを使う下駄はしっかりした硬さで、耐久性抜群。鼻緒と同柄の小物は踊りのときに便利。

郡上八幡 ▶ **MAP** 付録 P.12 B-4
☎0575-67-9235 休水曜、11〜3月 ⏰11：00〜17：00（郡上おどり期間中は延長あり）📍郡上市八幡町橋本町908-1-1 🚉郡上八幡駅から徒歩18分 🅿なし

\みんな一緒に踊ろっ/

真夏の夜のお楽しみ、踊り明かそう♪

郡上おどり

郡上おどりは、全国から多くの人が訪れる盛大な盆踊り。
地元の人も観光客も一緒になって踊るのが特徴。
クライマックスの徹夜おどりなど、夏の風物詩を体感しよう。

徹夜おどりを体験しよう!

踊りの時間は、通常22時30分（土曜は23時）までだが、8月13〜16日は"徹夜おどり"を開催。明け方まで踊る独特の雰囲気はぜひ体験してみたい。

明るいうちに到着

駐車場を確保
臨時駐車場も用意されるので駐車はできるが、踊り会場近くに停めたいなら、早めにでかけるのが安心。

町を散策
城下町の趣を感じる町並みなど、町自体にも見どころが豊富。踊りの前に観光も楽しみたい。 》P.96

郡上おどりとは

全部で10曲
踊りは全部で10種類。曲数が多いのも特徴。誰でも参加でき、踊り上手には免許状の交付あり。

日本三大民踊
阿波踊り、西馬音内盆踊りと並ぶ日本三大盆踊りのひとつ。江戸時代に生まれ、約400年もの歴史がある。

約30夜開催
7月中旬から9月上旬の間で約30夜にわたって行なう、ロングランの盆踊り。踊り会場は日によって変わる。

問合せ☎0575-67-0002（郡上八幡観光協会）
MAP 付録 P.12 B-3

踊りに差をつけるなら!

講習に参加

郡上八幡旧庁舎記念館では、郡上おどり期間中の毎週土・日曜日とお盆の午後に郡上おどり教室を開催。約40分間で2種類をマスターする。（受講は有料）
MAP 付録 P.12 B-3
☎0575-67-1819（郡上八幡産業振興公社）　⏰8:30〜17:00（郡上おどり期間中は変動あり）

歴史や文化を学ぶ

郡上八幡博覧館は郡上八幡の水文化や歴史、伝統工芸品を展示紹介する郷土ミュージアム。日によっては浴衣姿のスタッフによる郡上おどりの実演紹介も。
MAP 付録 P.12 B-3
☎0575-65-3215　⏰9:30〜16:30　¥540円

CHECK
会場MAP

郡上おどり実演あり（有料）
郡上八幡城
美濃白鳥
郡上八幡博覧館
おどり期間中浴衣に着替えられる更衣室がある（女性のみ・有料）
徹夜おどり8/16のおどり会場
本町　城下町プラザ
ライトアップされる
宗祇水　白龍神社
新橋　学校橋
吉田川　清水橋　郡上おどり発祥碑
長良川鉄道　宮ケ瀬橋
新町　郡上八幡旧庁舎記念館
ふれあい会館
徹夜おどり8/13〜15のおどり会場
橋本町やなか水のこみち
郡上木履
浴衣に着替えられる更衣室がある（徹夜おどり期間のみ）
郡上八幡駅
石山呉服店
美濃太田

98

MIDNIGHT　Can't stop Dancing

深夜になっても小さな子ども連れが少なくなるくらいで、踊る人は絶えない。踊り慣れて楽しくなってくる人も。

4:00 または 5:00

LAST DANCE!

Get!!

免許状をもらおう！
22時と1時頃には、郡上おどり保存会が審査を実施。"おどり上手"には木の札が渡される。保存会事務所へ行って、免許状と交換してもらおう。

最後の曲は「まつさか」

最後はいつも「まつさか」という曲で締めくくることになっている。単調な節回しだが、しみじみとした情感が漂う。

「春駒」

江戸時代に馬の一大産地だった郡上にふさわしい踊り。アップテンポで威勢の良い動きが特徴。

「三百」

田げたで湿田を歩く動きなど、農作業の様子が振りや歌詞にも取り入れられている。

郡上のナァ〜♬

食事や休憩を
会場の近くには屋台が並ぶ通りがあるほか、営業時間を延長する店も多い。食事や休憩をとりながら踊ろう。

「かわさき」

郡上おどりの代表曲として知られている。落ち着いた歌詞と哀愁を帯びた曲調、優雅な振りで親しまれる。

Start! 20:00

踊りスタート
徹夜おどりの開始は20時。最初はまわりの人の動きを真似してみよう。曲は繰り返し演奏されるので、徐々に慣れてくる。

男女合わせて150種類以上がそろう。浴衣レンタル¥3,850(要予約)。下駄と下着は要持参。貸出時間は20時〜22時30分(土曜は〜23時)、徹夜おどりの際は24時まで無料延長。

石山呉服店
いしやまごふくてん

群上八幡　▶ MAP 付録 P.12 B-4

☎0575-65-3854　📅水・木曜
🕙10：00〜18：00
(郡上おどり期間中は変動あり)
📍郡上市八幡町島谷828

衣裳やグッズを入手
浴衣で踊るとしぐさがきれいに見える。現地でレンタルするという方法も。下駄を鳴らして踊るのが特徴なので、下駄はぜひ手に入れたい。

浴衣

下駄

郡上おどりのための下駄は音色の良さもバツグン。履き心地の調整もしてくれる。踊り期間中は踊りが終わるまで営業。

郡上木履
» P.97

公式グッズ

手ぬぐい
········ ¥900
郡上八幡観光協会製作の手ぬぐい。柄は毎年変わるので記念になる。踊るときは襟に掛けておこう。

わたしが教えます！

"かわいいだけじゃ物足りない！"という人におすすめの写真映えスポット、高山にありますよ！

高山出身ライター
Yuka Hachiga

撮っても映えちゃう！
フォトジェニック・スポット

知る人ぞ知るフォトジェニック・スポットへ潜入！
大自然の神秘からレトロテーマパーク、美術館まで
ファインダーをのぞけば私だけの高山が見つかるはず!?

洞窟で
ドリーミー編

ウミユリの化石

純白の鍾乳石と地下プールに青いライトが反射して幻想的ですよね～

第1洞の「竜宮の夜景」で早くもシャッターチャンス

大橋コレクション館を見て、ついに鍾乳洞入口へ…

夢の宮殿

こんもりとした形がまるで宮殿みたい！

気温は8～12℃
年中ひんやり

DREAMY!

第2洞の愛深スポット

最後はコレをおみやげに！

うわ～！
すごい眺め!!

月の世界

カップルで歩くと愛が深まるらしい♡

洞窟内にこんな場所があるなんて！

洞内で貯蔵されたお酒を買って帰ります♪

細い道を抜けて第3洞へ

バシャ
ペシャ

日本一標高の高い観光鍾乳洞が高山にあった！

飛騨大鍾乳洞
ひだだいしょうにゅうどう

標高900mという日本一高い場所にある観光鍾乳洞。全長約800mの洞窟は第1洞から第3洞まであり、珍しい鍾乳石も見られる。洞内は青や白の照明に照らされ、神秘的な雰囲気。王冠や国会議事堂など、形にちなんで名付けられた鍾乳石も多い。

▶高山郊外 MAP 付録 P.3 C-2

☎0577-79-2211　休無休　時9：00～16：00(4～10月は8：00～17：00)
￥1,100円　住高山市丹生川町日面1147
交JR高山駅から車で30分　P200台

冬はこんなのも撮れちゃうかも!?

ガキイィィーン

洞窟を出た先に氷の渓谷が出現！
1月上旬～3月上旬に見られる

昭和の雑貨屋さんや

ちゃぶ台が渋カワ♡

ステキ〜!!
どこを撮っても絵になるわ〜♪

まずは昭和通りへ

RETRO!!

ジャジャーン！

ヘイ！らっしゃい！

いざ、昭和にタイムスリップ

小学校の教室をぶらり

こんな写真も撮り放題だよ！

楽器屋さんで伝説のアイドルを見〜つけた♪

町を見上げて発見。どの看板もレトロでかわいい！

世界の万年筆
プラチナ66

写真屋さんには昔のカメラや機材がズラリ

タイムトラベラー気分で昭和の町をおさんぽ

高山昭和館
たかやましょうわかん

昭和の町を体感するテーマパーク。1階にはおもちゃ屋さんや映画館などが軒を連ね、2階には小学校や民家を再現。町に入り込んで、臨場感のある写真を撮影できる。映画を観たり、着物を着て撮影をしたり、体験コーナーも楽しい。

古い町並 ▶MAP 付録 P.9 C-1
☎0577-33-7836　休無休　⏰10：00〜16：30
¥1,000円　♀高山市下一之町6　🚃JR高山駅から徒歩15分　Pなし

中庭には巨大なピラミッドが!?

ドドーーン！

アートを満喫編

造りが繊細

能舞台があるピラミッドホール

FANTASTIC!

圧倒される建築美

荘厳な空間に広がる時代を超えたアートの世界

光ミュージアム
ひかるミュージアム

ピラミッドなどを模した迫力満点な建物の館内には、横山大観の日本画、ゴッホやモネの西洋画など世界の巨匠の作品がずらり。化石や岩石、歴史を伝える考古資料など、貴重な展示も多彩にそろう。

高山郊外 ▶MAP 付録 P.4 B-2
☎0577-34-6511
休火・水曜（祝日の場合は開館）
⏰10：00〜17：00　¥1,000円
♀高山市中山町175
🚗JR高山駅から車で10分
P300台

YES!

漬物ステーキ ¥700

漬物ステーキ

略して

つけステ

って何!?

ドーン

野菜が採れない冬に貴重な食材だった漬物を、煮たり焼いたりする習慣があった。それが発展し漬物ステーキと名付けられ、広がった。店によってさまざまなアレンジがあるのも特徴。

ココで食べられる

あじどころさんしゃ
味処 山車
古い町並 **MAP**付録 P.6 B-2
☎080-5105-7656　休不定休
🕐17:30～23:30　📍高山市下一之町54　🚉JR高山駅から徒歩15分　🅿1台

ココで買える

家でも食べられる!

ながおかや
長岡屋
古い町並周辺 **MAP**付録 P.8 A-3
☎0577-33-3531　休不定休
🕐9:00～17:00　📍高山市本町1-45　🚉JR高山駅から徒歩10分　🅿なし

名産の赤かぶなどが入っており、炒めるだけで作れる。¥490

意外なグルメが盛りだくさん!

突撃!!

地元グルメ調査隊

ハズせない下呂名物

鶏ちゃんを味わおう!

飛騨地方で愛される郷土料理。味噌や醤油のタレに漬けた恵那鶏をキャベツなどと一緒に焼く。〆の焼きそばも絶品で、クセになる味。

秘伝のタレで焼き上げるよ

鶏ちゃん鍋
2人前 ¥1,960

いいね いいね

ココで食べられる

けいちゃんせんもんてんすぎのこ
鶏ちゃん専門店杉の子
下呂 **MAP**付録 P.13 A-4
☎0576-25-7011
休月曜(臨時休業あり)🕐11:00～14:30　📍下呂市小川1311-1　🚉JR下呂駅から車で5分　🅿10台

あげづけ
5枚入り ¥250

軽くあぶると美味 **あげづけ** が話題に!

ココで買える

じんやとうふふるかわや
陣屋とうふ 古川屋
古い町並周辺 **MAP**付録 P.8 B-3
☎0577-34-0498
休火曜
🕐9:00～16:00　📍高山市本町1-32　🚉JR高山駅から徒歩10分　🅿なし

油あげを特製の醤油ダレで味付けした、焼くだけで簡単に食べられるおつまみ。テレビ番組で紹介されて以来、人気の味みやげとして評判でリピーターも多い。

わたしが教えます!

地元の人々から愛される定番&話題のグルメを大調査! 旅の道中で見つけたらチェックしましょう♪

食いしん坊エディター
Fumie Mizuno

飛騨産牛乳100%

濃厚な味わいの
飛騨牛乳
を飲み比べ！

飛騨コーヒー

飛騨パイン

広大な自然で育った乳牛から搾った牛乳や加工品を販売する飛騨牛乳は、充実のラインアップ。高山市内のスーパーやみやげ店などで購入できる。

※販売価格は店舗により異なる

濃いんやさぁ～

うまい！

パックもあるよ！

パック商品も充実しており、なかでも飛騨コーヒーは甘さひかえめのロングセラー商品！

ココで買える

しらかわごうぷりんのいえ
白川郷ぷりんの家

荻町 ▶
MAP 付録 P.10 B-4

☎05769-6-1700
休水曜 ⏰10：00～16：30
📍白川村荻町702
🚍白川郷バスターミナルから徒歩10分　Ｐなし

口あたりなめらかなプリンは、プレーンのほか岐阜県産のフルーツやはちみつなどを使用した季節限定もある。

白川郷の湧水を使用した透明なジュレがプリンとマッチ

水ぷりん
¥460

白川郷の新名物
透明なプリン
の正体は？？

話題の地ソース
清見ソースの
お味は？？

地元飛騨の野菜を贅沢に使ったソースで、砕いたトマトの食感が残りさっぱりとフルーティ。

たびたびメディアで取り上げられるほどの注目商品！

清見ソース
¥440

ココで買える

みちのえきパスカルきよみ
道の駅 パスカル清見

清見 ▶
MAP 付録 P.2 B-3

☎0576-69-2321　休無休　⏰9：00～17：00、12～3月は～16：00　📍高山市清見町大原858-1　🚗東海北陸自動車道郡上八幡ICから車で35分　Ｐ100台

ココで買える

じんやだんごてん
陣屋だんご店

古い町並 ▶　**MAP** 付録 P.8 A-4

☎0577-34-9139　休火・水・木曜　⏰9：00～15：00(売り切れ次第閉店)　📍高山市八軒町1-1-5
🚉JR高山駅から徒歩10分　Ｐなし

ぱくっ

みたらし団子
1本 ¥100

醤油の香ばしい味わい。海苔巻 ¥120も人気

甘くない？？
みたらし団子を
いざ実食

鎌倉時代に誕生した当時のみたらし団子は、醤油で味付けした甘みのないものだったとされる。甘辛ダレが主流の今も、飛騨高山ではその歴史を守り続けている。

素朴な味で人気
牧成舎の
アイスって？？

素材の味わいを堪能できる人気のアイス。一枚一枚手焼きしたもなかの皮は、パリッとした食感でアイスとよく合う。

もなかアイス
イチゴ・抹茶
各¥410

きゃー♥

ココで買える

ぼくせいしゃ
牧成舎　▶ P.93

20秒ほどトーストして、焼きもなかにするのもオススメ！

HOW TO GO TO TAKAYAMA

ACCESS GUIDE 交通ガイド

DEPARTURE

[まずは高山をめざす]

＼ココだけは＼ おさえたい！ **Key Point**	◆名古屋から1時間に1本出ているJR特急ひだでのアクセスがポピュラー。 ◆高速バスは東京、名古屋、大阪、金沢などから高山行きの系統が出ている。 ◆九州・東北・北海道などの遠隔地からは中部国際空港を経由する方法も。

RECOMMENDED ACCESS 各地からおすすめのアクセス

Origin 出発地		Transportation 交通機関 ✈AIR 🚆TRAIN 🚌BUS	Operation 鉄道・バス会社	Time to Destination 所要時間 🕐TIME	Normal Fare 通常運賃 ¥FARE	Frequency 便数
東 京	TOKYO	🚆 東京—名古屋—高山	東海道新幹線のぞみ／ JR特急ひだ	4時間20分	¥16,560	1時間に5～12本 ／1日10本
		🚌 バスタ新宿—高山濃飛BC	京王高速バスほか	5時間45分	¥6,500	1日4～5本
名古屋	NAGOYA	🚆 名古屋—高山	JR特急ひだ	2時間25分	¥6,140	1日10本
		🚌 名鉄BC—高山濃飛BC	名鉄バス・JR東海バスほか	2時間50分	¥3,400	1日9本
大 阪	OSAKA	🚌 OCAT—高山濃飛BC	近鉄バス・濃飛バスほか	5時間40分	¥5,500	1日2本
金 沢	KANAZAWA	🚌 金沢駅前—高山濃飛BC	北陸鉄道バス・濃飛バス	2時間15分	¥4,000	1日4本
富 山	TOYAMA	🚌 富山駅前—高山濃飛BC	富山地鉄バス・濃飛バス	2時間20分	¥3,700	1日2本
		🚆 富山—高山	JR特急ひだ	1時間30分	¥3,420	1日4本
松 本	MATSUMOTO	🚌 松本BT—高山濃飛BC	アルピコ交通・濃飛バスほか	2時間33分	¥4,400	1日5本

CHECK!
知っておきたいコト

列車で行く？ バスで行く？

列車の場合、名古屋や大阪、富山からは直通の「特急ひだ」が運行中。車窓からの景色が楽しめる設計の列車で、自然美あふれる風景を眺めながら向かうことができる。首都圏からなら新幹線で名古屋か富山経由で。いっぽう、各地から昼・夜発めたくさんの路線があるバスは、新幹線や飛行機よりも割安なうえ、乗り換えなしで行けるのでらくちん。夜行バスなら朝、高山に到着し、1日たっぷり高山を満喫することもできる。座席の事前予約と乗り場の確認を忘れずに。時間や費用など自分に合った方法を選んで。

マイカーでGO！

クルマで高山へ行くなら、東京、大阪からは4時間程度、名古屋からは2時間30分ほどでアクセスできる。高山から白川郷、奥飛騨温泉郷などの周辺エリアへは、鉄道・バスでの移動もできるが、本数が少ない場合もあるので、クルマが使えるとより便利。ただし、上高地や乗鞍などはマイカー規制のため乗り入れ禁止区域があり、シャトルバスへの乗り換えが必要となるので注意。また冬期は、雪のため通行止めになることも多いので、積雪情報などをこまめにチェックしよう！

記載の内容は2024年3月の情報です。所要時間は目安を記載しています。ダイヤ改正や運賃改定などにより変更になる場合がありますので、おでかけの際には事前にご確認ください。新幹線・特急列車については、JRの通常期における運賃と指定席料金を合算した金額を記載しています。

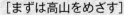

★ TRAVEL TIPS ★
MOVING IS TRAVELLING
FOR DEPARTURE
移動も旅の楽しみ♪

《三つ星ルートで旅する》 ROUTE OF THREE STARS

三つ星アルプス新宿きっぷ

日本を訪れる外国人旅行者に愛用されているミシュラン・グリーンガイド・ジャパンに、三つ星として紹介されている観光地（高山・白川郷など）をお得にめぐることができるバスきっぷ。7日間有効なので自分のペースでゆっくり観光を楽しめる。新穂高ロープウェイのメンテナンス工事中は販売休止。

■三つ星アルプス新宿きっぷ
料金：￥15,900
販売：中部地方インフォメーションプラザin京王新宿、KKday（WEBサイト）

飛騨エリアフリーきっぷ

鉄道とバス乗車券あるいはお食事引換券がセットのお得なきっぷ。2つのコースがあり、どちらも名古屋市内、岐阜・大垣駅〜フリー区間（飛騨金山〜下呂〜飛騨古川）では特急の普通車指定席が利用可能。

■バスコース
上記鉄道に加え、濃飛バスの白川郷線バス往復乗車券（予約制バスを除く）または、高山＆新穂高フリー乗車券（平湯・新穂高線が乗り降り自由）のどちらか1つと引き換えられる濃飛バス引換券が付く。
料金：1人用￥12,370（名古屋市内出発）

■お食事コース
上記鉄道に加え、「飛騨高山食べ歩きクーポン」「飛騨古川ご当地スイーツ！喫茶店！文化を満喫！（高山からの往復バス付き）」のいずれかと引き換えられる引換券または、ヘルシーに仕上げた「下呂温泉素肌美人スイーツクーポン」と引き換えられる引換券が付く。
料金：1人用￥12,370（名古屋市内出発）

期限：3日間有効
販売：JR線主要各駅、JTBなどおもな旅行会社

《お得なきっぷ》 BUDGET TICKETS

BUDGET ACCESS
🚆 交通費を抑えるなら

[バスを活用しよう]

各地から高山へは夜行バス、昼便など各地からたくさんの路線がある。高山が拠点の濃飛バスにも各地との往復路線があり、オフシーズン以外は毎日運行している。列車に比べると時間はかかるが、安い費用で現地まで行くことができるのが魅力。

[自由度の高いフリーツアーを利用する]

往復の交通機関と宿泊がセットになった割安な「フリープラン」。旅先で自分たちの好みで予定が組め、自由に行動できる。JR東海ツアーズやJTB、阪急交通社、近畿日本ツーリストなどの旅行会社が販売。多くのプランが用意されているので、各社HPやパンフレットをチェックしてみよう！

[新幹線ならJRのネット予約サービス]

新幹線を利用するなら、ネット予約が簡単・便利でお得。駅に行かなくても予約でき、変更や座席の指定も自由にできる（一部除く）。また、ネット限定の割引きっぷなどのお得な情報もいっぱい。
●えきねっと（JR東日本）
https://www.eki-net.com
●スマートEX（JR東海）
https://jr-central.co.jp/ex/smart/

RESERVATION & CONTACT
🚆 予約をするなら

Ⓡ ESERVATION…予約　Ⓒ ONTACT…問い合わせ

●鉄道
Ⓒ JR東海テレフォンセンター　☎050-3772-3910
Ⓒ JR東日本お問い合わせセンター　☎050-2016-1600
Ⓒ JR西日本お客様センター　☎0570-00-2486
Ⓒ 名鉄お客さまセンター　☎052-582-5151

●バス
ⓇⒸ 京王高速バス電話予約センター　☎03-5376-2222
ⓇⒸ 名鉄高速バス予約センター　☎052-582-0489
ⓇⒸ ジェイアール東海バス名古屋旅行センター　☎0570-04-8939
ⓇⒸ 近鉄高速バスセンター　☎0570-00-1631
ⓇⒸ 濃飛バス予約センター　☎0577-32-1688
ⓇⒸ 北陸鉄道予約センター　☎076-234-0123
ⓇⒸ 富山地鉄高速バス予約センター　☎076-433-4890
ⓇⒸ アルピコ交通高速バス予約センター　☎0570-550-373

ACCESS GUIDE 交通ガイド

ARRIVAL

［高山に着いたらどう動く？］

白川郷 P.71・飛騨古川 P.92・奥飛騨温泉郷 P.81・高山 P.28・平湯・郡上八幡 P.96・下呂温泉 P.94

ココだけは おさえたい！ **Key Point**	◆高山駅周辺や郊外の観光名所へは巡回バスが本数も多く利用しやすい。 ◆白川郷や奥飛騨温泉郷へは駅前から路線バスや高速バスが便利。 ◆車を使うなら、マイカー規制期間やエリア、積雪情報などを確認！

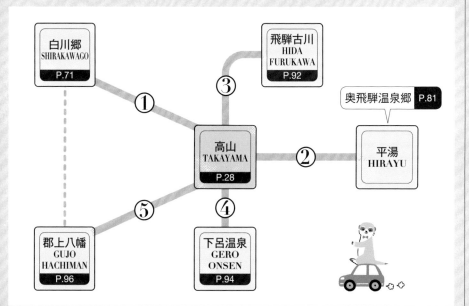

① 高山→白川郷

TAKAYAMA→SHIRAKAWAGO

BUS バス 　　　　　　　　　　　　　50分・¥2,600
▶ 高山濃飛BC→〈濃飛バスほか〉→白川郷BT
▶ 1日17本（金沢／富山ゆきのバスを含む。基本的に要予約）

CAR クルマ（レンタカー）　　　　　　　　　　50分
▶ 高山駅→〈東海北陸自動車道〉→白川郷

⚠ ・9:00～16:00は集落内幹線道路への車両進入禁止のため、周辺
　駐車場を利用しよう

白川郷へ行く P.71

RENT・A・CAR レンタカーを借りる

高山や下呂、郡上八幡、飛騨古川などの主要駅周辺にはレンタカー会社の営業所がある。駅から離れた営業所では送迎が頼めることも。料金は、基本料金が時間制で、24時間以降は1日単位になる。事前予約が望ましいが、当日予約OKの場合もある。借りる営業所と返す営業所は同じでなくてもよいが、その場合には乗り捨て料金が必要。各レンタカー会社オリジナルのプランやネット予約限定の割引サービスもあるので、事前に調べて利用しよう。

★ TRAVEL TIPS ★
FOR ARRIVAL

白川郷・五箇山や新穂高エリアをめぐるなら、飲食店や各施設でサービスを受けられるさまざまな特典がセットになったきっぷがお得。

《バスのお得なきっぷ》

BUDGET TICKETS

白川郷・五箇山往復きっぷ
高山濃飛バスセンターから白川郷までの往復バス乗車券と白川郷～菅沼～相倉間の3日間フリー乗車券がセットになったきっぷ。
料金：¥5,900
販売：高山濃飛バスセンター

「奥飛騨」まるごとバリューきっぷ
高山バスセンター～新穂高ロープウェイ間の2日間フリー乗車券もしくは、3日間フリー乗車券(平湯温泉発は、平湯温泉～新穂高ロープウェイ間の2日間フリー乗車券)に加え、新穂高ロープウェイ(第1、第2ロープウェイ)1往復乗車券がセットになったお得なきっぷ。
料金：2日間フリープラン高山発6,800円、平湯発4,700円、3日間フリープラン高山発7,500円
販売：高山濃飛バスセンター(高山発)、平湯バスターミナル(平湯発)

高山での旅をより充実させてくれる観光バスや観光タクシー。有名な観光地をたくさんまわりたいけれど、計画を立てるのが大変というときには便利。詳しいガイドもついて効率よく旅が楽しめる。

《観光バス・観光タクシー》

BUS&TAXI

定期観光バス
2つの世界遺産、五箇山と白川郷をめぐる人気のコース。同行のガイドが合掌造り家屋の歴史や飛騨の文化・方言などを詳しく教えてくれる。
■プラン例：世界遺産 五箇山相倉と白川郷コース
料金：¥8,000
予約：0577-32-1688(濃飛バス)

観光ガイドタクシー
経験豊富なドライバーが各観光地を案内してくれる。駅や宿泊施設など迎え場所を自由に指定でき、行き先も各自自由にアレンジ可能。オリジナルの旅を楽しみたい人にもおすすめ。
■プラン例：高山周遊コース
(約2時間)
料金：中型(4人乗)¥17,000
予約：0577-36-3860(メディックスタクシー)

■プラン例：世界遺産 白川郷と天守閣展望台
(約5時間55分)
料金：中型(4人乗)¥33,900～
予約：0577-33-0131(濃飛バスツアーデスク)

---

② 高山→奥飛騨温泉郷
TAKAYAMA→OKUHIDA ONSENGO

奥飛騨温泉郷へ行く P.81

| 🚌 BUS | バス(平湯へ) | 58分・¥1,600 |
| ▶高山濃飛BC→〈濃飛バスほか〉→平湯温泉 ▶1時間1～2本(新穂高ロープウェイ／松本ゆき) | | |

| 🚌 BUS | バス(新穂高へ) | 1時間45分・¥2,200 |
| ▶高山濃飛BC→〈濃飛バス〉→新穂高ロープウェイ ▶1日13本 | | |

| 🚗 CAR | クルマ(レンタカー) | 50分 |
| ▶高山駅→〈国道158号〉→奥飛騨温泉郷(平湯温泉) | | |

⚠ ・奥飛騨温泉郷周辺は山道が多く、マイカー規制もあるので、交通情報を忘れずにチェックして

---

③ 高山→飛騨古川
TAKAYAMA→HIDA FURUKAWA

飛騨古川へ行く P.92

| 🚆 TRAIN | 電車(JR) | 16分・¥240 |
| ▶高山駅→〈JR高山本線・普通〉→飛騨古川駅 ▶1時間1～2本 | | |

| 🚌 BUS | バス | 35分・¥380 |
| ▶高山濃飛BC→〈濃飛バス〉→古川駅前 ▶1時間1～2本 | | |

| 🚗 CAR | クルマ(レンタカー) | 30分 |
| ▶高山駅→〈国道41号〉→飛騨古川駅 | | |

---

④ 高山→下呂温泉
TAKAYAMA→GERO ONSEN

下呂温泉へ行く P.94

| 🚆 TRAIN | 電車(JR) | 50分・¥1,650(自由席) |
| ▶高山駅→〈JR高山本線・特急ひだ〉→下呂駅 ▶1日約10本 | | |

| 🚌 BUS | バス | 1時間23分・¥1,060 |
| ▶高山濃飛BC→〈濃飛バスほか〉→下呂駅前 ▶1日8～11本 | | |

| 🚗 CAR | クルマ(レンタカー) | 1時間 |
| ▶高山駅→〈国道41号〉→下呂駅 | | |

---

⑤ 高山→郡上八幡
TAKAYAMA→GUJO HACHIMAN

郡上八幡へ行く P.96

| 🚌 BUS | バス | 1時間21分・¥2,200 |
| ▶高山濃飛BC→〈濃飛バスほか〉→郡上八幡インター ▶1日約6本(要予約) | | |

| 🚗 CAR | クルマ(レンタカー) | 1時間20分 |
| ▶高山駅→〈東海北陸自動車道〉→郡上八幡駅 | | |

⚠ ・高速バスで移動の場合、到着地の郡上八幡インターバス停から郡上八幡中心地までを事前予約でスムーズに移動できるデマンドタクシー予約システム(片道¥350)が便利。上り、下りで乗降口が異なるので確認を

●Discovery ●Gourmet ●Shopping ●Healing ●Experience

───────────── Special Thanks

Thank you!

Let's GO!

COLOR⊕ PLUS
カラープラス

飛騨高山 白川郷

Director
昭文社編集部

Editor
エディマート
（須崎條子・織茂麗・松永美穂）

Editorial staff
エディマート、大川真由美、北浦芙三子、
関谷知加、高橋穣、中根里絵、花野静恵、
mamhive（はちがゆか、芝田ありさ、
ウシマルトモミ）

Photogragh
昭文社編集部、藤原慶、ふるさとあやの、
松井なおみ、山本章貴
関係各市町村、関係諸施設、PIXTA

Art direction
GRAPHIC WAVE

Design
参画社、砂川沙羅

Illustration
参画社

2024年6月1日 2版1刷発行
発行人 川村哲也
発行所 昭文社
本社：〒102-8238 東京都千代田区麹町3-1
☎0570-002060（ナビダイヤル）
IP電話などをご利用の場合は ☎03-3556-8132
※平日9：00〜17：00（年末年始、弊社休業日を除く）
ホームページ：https://sp-mapple.jp/

Model
アリス・イン・ワンダーランド（大羽恵里沙）
ジオット（伊藤彩乃）

Cover design
ARENSKI（本木陽子）

Character design
shino

Map design
yデザイン研究所（山賀貞治）

Map
田川企画（田川英信）

DTP
明昌堂

Proofreading
三和オー・エフ・イー
五十嵐重寛

Special thanks to
関係各市町村観光課
観光協会
関係諸施設
取材ご協力の皆さん

COLOR⊕ PLUS シリーズ

- ○札幌 小樽 美瑛 富良野
- ○函館
- ○仙台 松島
- ○日光 那須 宇都宮
- ○東京
- ○横浜
- ○鎌倉 江の島 逗子 葉山
- ○箱根
- ○伊豆 熱海
- ○草津 伊香保 四万 みなかみ
- ○軽井沢
- ○安曇野 松本 上高地
- ○金沢 能登
- ○飛騨高山 白川郷
- ○伊勢神宮 志摩
- ○京都
- ○大阪
- ○神戸
- ○奈良
- ○出雲大社 松江 石見銀山
- ○広島 宮島 厳島神社
- ○瀬戸内の島々 尾道 倉敷
- ○福岡 糸島
- ○長崎 ハウステンボス 五島列島
- ○沖縄 ケラマ諸島
- ○石垣島 竹富・西表・宮古島

…and more !

See you next trip !

■本書ご利用にあたって
●掲載のデータは2024年1月〜3月の時点のものです。変更される場合がありますので、ご利用の際は事前にご確認ください。諸税の見直しにより各種料金が変更される可能性があります。そのため施設により税別で料金を表示している場合があります。また、本書で掲載された内容により生じたトラブルや損害等については、弊社では補償いたしかねますので、あらかじめご了承のうえ、ご利用ください。
●電話番号は、各施設の問い合わせ用番号のため、現地の番号ではない場合があります。カーナビ等での位置検索では、実際とは異なる場所を示す場合がありますので、ご注意ください。
●料金について、入場料などは、大人料金を基本にしています。
●開館時間・営業時間は、入館締切りまでの時刻、またはラストオーダーまでの時刻を基本にしています。
●休業日は、定休日のみ表示し、臨時休業、お盆や年末年始の休みは除いています。
●宿泊料金は、基本、オフシーズンの平日に客室を2名1室で利用した場合の1人あたりの料金で表示しています。ただし、ホテルによっては1部屋の料金を表示しているところもあります。
●交通は、主要手段と目安の所要時間を表示しています。ICカード利用時には運賃・料金が異なる場合があります。
●駐車場は、有料・無料を問わず、駐車場がある場合は台数を表示しています。
●本書掲載の地図について
測量法に基づく国土地理院長承認（使用）R 5JHs 15-136510　R 5JHs 16-136510　R 5JHs 17-136510　R 5JHs 18-136510